JN028957

トム・アンデルセン 会話哲学の軌跡

リフレクティング・チームからリフレクティング・プロセスへ

Tom Andersen

The trajectory of
conversational philosophy
From Reflecting Team to
Reflecting Processes

矢原隆行［著・訳］
Takayuki Yahara
トム・アンデルセン［著］
Tom Andersen

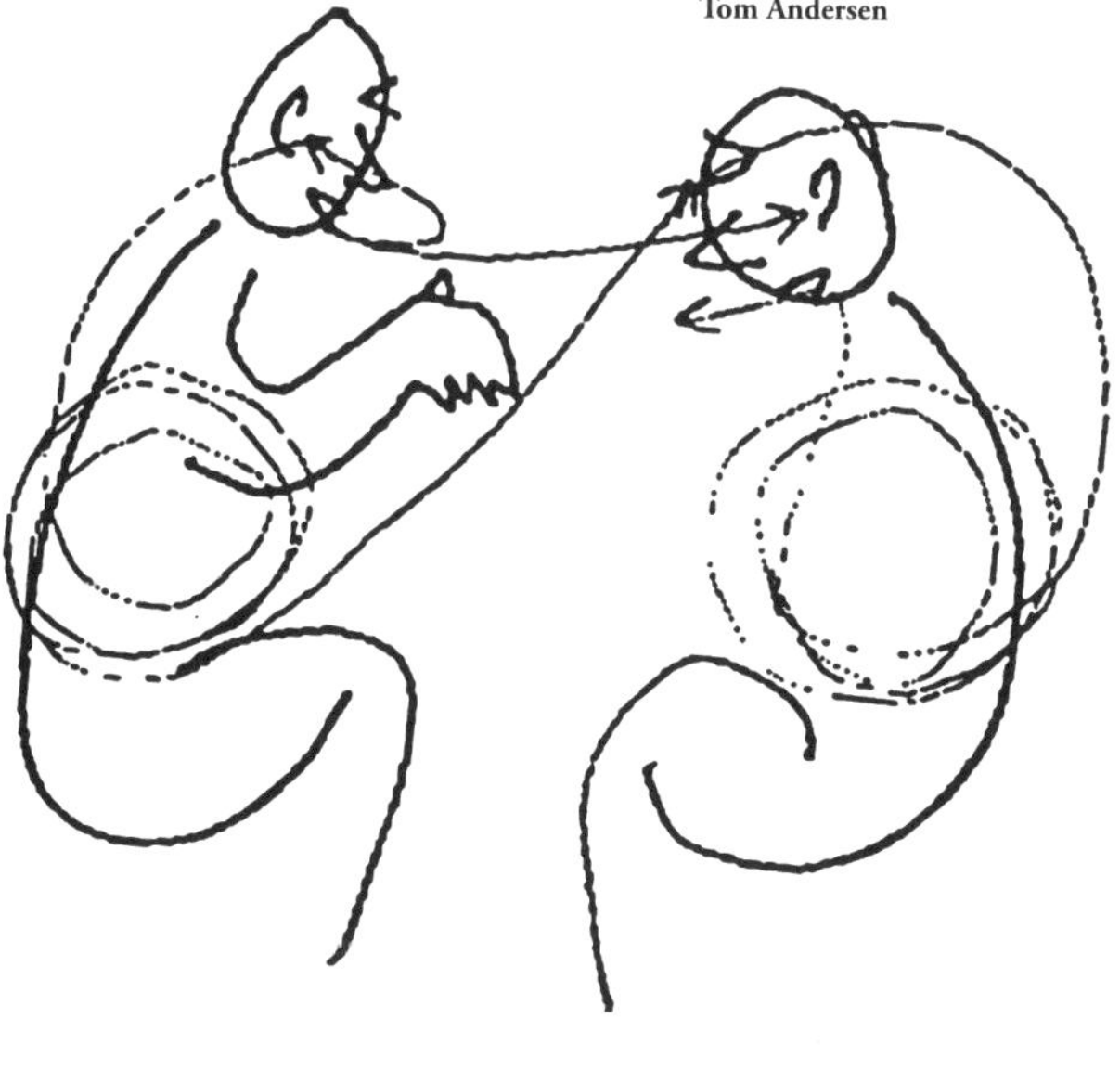

Ψ
金剛出版

Andersen, T. (1987). The reflecting team: Dialogue and meta-dialogue in clinical work.

This article was first published (in English) in the *Family Process,* Vol. 26, pp. 415-428. It is reproduced here (in translation) with the permission under the terms and conditions provided by John Wiley and Sons and Copyright Clearance Center.

この論文の初出（英語）は、*Family Process,* Vol.26, pp.415-428 である。John Wiley and Sons と Copyright Clearance Center が提供する条件のもと許可を得てここに（翻訳の上）転載する。

Andersen, T. (2007). Reflecting talks may have many versions: Here is mine.

This article was first published (in English) in the *International Journal of Psychotherapy,* Vol. 11, No. 2, pp. 27-44. It is reproduced here (in translation) with the kind permission of the Editors of the IJP.

この論文の初出（英語）は、*International Journal of Psychotherapy,* Vol.11, No.2, pp.27-44 である。IJP の編集者の厚意により許可を得てここに（翻訳の上）転載する。

はじめに

Tom Andersen:
The trajectory of conversational philosophy

＊

本書は、トム・アンデルセン（Tom Anderson, 1936-2007）の二つの論文の翻訳と、それらのあいだを繋ぐいくつかの文献の解説を中軸として構成されている。ひとつめの論文は、アンデルセンの名を世界に知らしめることとなったリフレクティング・チームの誕生を宣する一九八七年の記念すべき論文。もうひとつは、二〇〇六年にケンブリッジ大学で行われた学会講演をもとにした、翌春に不慮の事故で急逝したアンデルセンにとっての最後の論文である。

しかし、そもそもトム・アンデルセンとは何者か。そんな問いこそ、彼が最も好まないものだろう。そして、本書が彼に代わってそうした問いに答えようとするものではないことも、先に打ち明けておきたい。けれど、この本を書き（直し）続けることを通して、筆者は彼との会話を続けることができたし、彼の仲間たちや筆者の仲間たちとさえ、会話を続けることができたように思う。行く先の見えぬその会話は、きっとこれからも続いていく。

では、なぜ今アンデルセンなのか。この問いも、答えやすいものではないが、いくつかのことが思い浮かぶ。彼の名前が本邦でも知られるようになったのは、前世紀の終盤、社会構成主義に依拠する新たな臨床実践としてナラティヴ・セラピーが紹介され始めたときのことだ。オセアニアのマイケル・ホワイトとディヴィッド・エプストンによる「再著述療法」、アメリカのハロルド・グーリシャンとハーレーン・アンダーソンによる「無知のアプローチ」、そして、北欧のトム・アンデルセンによる「リフレクティング・チーム」は、広義のナラティヴ・セラピーを代表する三潮流として、家族療法の領域を中心に脚光を浴びた。

当時、社会学を学ぶ大学院生であった筆者がアンデルセンについて初めて知ったのも、その頃のことだ。当時も今も、ナラティヴ・セラピーといえば、まずマイケル・ホワイトの名前が挙がるだろうし、それは自然なことだけれど、筆者が強く魅かれたのは、アンデルセンのリフレクティング・チームだった。それは実にラディカルであるがゆえに、臨床の現場では、その本来のポテンシャルが直視されぬまま、多くの人々には、たんに面接上の工夫と受けとられてしまっているように思われた。以来、リフレクティングとともに思索し、北欧の国々でアンデルセンの足跡を辿りながら、関心を共有する幾人かの仲間たちと研究や実践を重ねるなかで、幅広い臨床実践や会話という振る舞いに対して、アンデルセンがもたらしたものの大きさにしみじみと驚いている。

国内でふたたびリフレクティングという言葉に注目が集まったのは、二〇一〇年代半ば以降。フィンランド西ラップランドで生まれ、今や世界各地で関心の高まるオープンダイアローグという精神医療・精神保健福祉のシステムが日本でも紹介され、にわかに各種メディアで取り上げられるようになってからのことだ。オープンダイアローグと聞いて、人々がまず想像するであろうトリートメント・ミーティングの場面。その会話の中核的方法として用いられているのが、彼らがアンデルセンから学んだリフレクティング・トークであった（フィンランドとノルウェーの国境を越えたそのつながりについては、本文でも紹介している）。

一方、オープンダイアローグが国内で広く関心を集めるにつれ、リフレクティングが一定の会話形式を指す言葉として流通している様子を目にすることも多くなった。そこに見られるのは、せいぜい新奇なミーティング方法のマニュアルやレシピの類いで、アンデルセンたちが勇気と恐れを伴いながら踏み出したラディカルな一歩の面影からは、ずいぶん遠く感じられるものだ。しかし、そのことを嘆く以前に、筆者自身、北欧の精神医療や矯正保護の現場、さらに幅広い地域や領域で、今も息づくアンデルセンの歩みや言葉の豊かさを、限られた人々との直接のやりとりを越えてどれほど伝えてきたことか、と考えると、どうにも心許ない。

リフレクティングをアンデルセンの会話哲学という根から切り離してしまわぬこと。家族療法や精神医療の専門領域に限らず、国内でもリフレクティングへの関心が各方面に広がりつつある今、遅ればせながら、その基本文献を訳出し、アンデルセンの思索と歩みの相貌をこうして紹介する企図は、そのようなものだ。願わくは、より幅広い読者と、その会話哲学がはらむ水脈の深みと広がりを共有できればと思う。

はたして読者は、ここに訳出した二つの論文を、アンデルセンの始まりと終わりの線分の両端に位置する点として読むだろうか。筆者は、未だその全体を見晴るかすことのできぬ広大な星座の手がかり、異なる色合いを持つ二つの星の輝きとしてこれらの論文を受けとめたい。二つの論文の距離は二〇年。地上から眺めれば、そう離れてはいない。しかし、両者を結ぶ描線の豊かさと、それらが指し示すパースペクティヴの広大さに向き合うとき、われわれはそこに豊かなイメージを膨らませることができるし、同時に、そこで各々に応じた問いを投げかけられていることに気づくはずだ。以下、本書の構成を示す。

第一章では、リフレクティング・チーム誕生に至るまでのアンデルセンの歩みを紹介する。ワンウェイ・ミラーに隔てられた二つの部屋の明かりと音声の切り換え。一見、単純な思いつきや偶然とも誤解されかねない一九八五年三月に生じたその変化が、慎重な歩みにおけるひとつひとつの岐路ごとの選択の積み重ね、また、その歩みを可能にし、ときに困難にした既存の文脈なしにはあり得なかったことが見てとれるだろう。

第二章は、『ファミリー・プロセス』誌に発表され、アンデルセンの名とリフレクティング・チームという言葉を世界に知らしめた一九八七年の論文、「リフレクティング・チーム――臨床実践における対話とメタ対話」(The reflecting team: Dialogue and meta-dialogue in clinical work)の翻訳である。主著を含め、後年の論文には見られなくなった明解な図式的整理と、その後の実践にも一貫している会話への構えとが共存するこの論文には、今なお汲み尽くされぬ新鮮な可能性が感じられる。本邦においても、リフレクティングという言葉がさまざまに意味づけられ、流布する今日、その原典に触れ、初心を見つめることは、多くの人々にとって大事なことだろう。

第三章では、前掲論文以降、二〇年にわたるアンデルセンの会話をめぐる思索と実践について、その間に著されたいくつかの文献を紹介しつつたどっていく。国境を越え、家族療法という枠を大きく超えたその歩みのあいだに、アンデルセン自身がいかなる内的会話と外的会話を折り重ねたのか、その一端を垣間見ることができればと思う。決して単調な歩みではないし、一筋縄でゆくものでもないが、アンデルセンが描き、取り組んだ会話という存在の奥行きをともに覗き込んでみたい。

第四章は、アンデルセンの遺稿とも言える二〇〇七年の論文、「リフレクティング・トークといってもいろいろ――これが僕のだ」(Reflecting talks may have many versions: Here is mine)の翻訳である。講演録ゆえか、晩年の文章に共通してか、ときに詩のようにすら感じられる滋味掬《きく》すべき文章である。アンデルセンの会話哲学と、その実践が導いた現実、人間、そして、ことばについてのさまざまな仮説は、われわれにそれらをめぐって新たな会話の機会をもたらすに違いない。

第五章では、アンデルセンのリフレクティングについて、「間」と「場」という視点から、現時点での筆者なりのリフレクトを試みる。きわめて謙虚であり、禁欲的とすら感じられるアンデルセンの臨床的会話がはらむ理論的、実践的ラディカルさにあらためて目を向けたい。無論、そうした描像もまた、あくまでひとつの仮説にとどまるものだが、それが本邦のアンデルセン理解に僅かなりとも新たな色合いを加えることができるなら幸いである。

本書の企画当初、家族療法・臨床心理学の分野で長くリフレクティング研究に取り組んでいる三澤文紀さんに、共著での執筆の可能性について相談した。当時、三澤さんは多忙をきわめていて、残念ながらその実現は叶わなかったものの、しばらくして、第二章に訳出した論文の下訳（と呼ぶのが憚られる丁寧な翻訳案）を、いくつかの訳註案とともに送っていただいた。すなわち、第二章の翻訳は、三澤さんとの協働作業であり、その訳文が大きな誤りを免れているとすれば、三澤さんのおかげである。以来、筆者の執着により、ずいぶん長く本書の原稿を抱え続けることとなったけれど、その間もリフレクティングへの研究関心を共有する三澤さんとのやり取りは、実に心強いものであった。記して感謝したい。もちろん、最終的な訳出の判断は筆者によるものであり、本書の至らぬ点がひとえに筆者の責任であることは言うまでもない。

金剛出版の高島徹也さんには、難しい企画を心強く後押ししていただいた上、遅れるばかりの原稿を温かく見守っていただいた。そしてついには、「アンデルセンの主著のように、後からエピローグを付け足していく方法もあるので、とりあえず最初の形に」と本書の出版に向けて背中を押してくれた。ここにあらためて心からの感謝を表したい。

凡例

- 各章の文献は各章末尾に記載した。
- 《註》は二章・四章の翻訳パート冒頭の解説含め本書を通して番号を振り傍註とした。
- アンデルセン論文の翻訳（二章・四章）には「訳註」を付し各論文冒頭から番号を振り傍註とした。

第一章

その前のこと

リフレクティングへの歩み

トムが医師として働いたトロムソの精神科病院

——当時、住み慣れた地域から遠く離れたトロムソの精神科病院に入院するということは、
その人の地域や家庭とのつながりが断たれてしまうことを意味しており、
いったん断たれたそのつながりを修復するのは、容易なことではなかった。

＊

まず僕は、人々が僕について大仰な人物のように見たり、話したりするのは好きじゃない。僕の言葉や僕の仕事に注意を払ってほしいんであって、人物としての僕にじゃない。「トム・アンデルセンがリフレクティング・チームを開発した」なんて言わないように気をつけてほしい。僕じゃない。僕は、さいわい話し合える良い友人や同僚に出会って、それらの出会いがさまざまなアイデアの流れやその文脈の一部になったんだ。僕はむしろ「目に見えない」「聞いたこともない」人物と思われたい。

(Anderson, 2007: 412)

第一章では、リフレクティング・チーム誕生に至るまでのトム・アンデルセン（以下、本章では、彼が周囲の人々からそう呼ばれていたように「トム」と呼ぶ）の歩みを見ていこう。「リフレクティング・チームの発明者」というトムのイメージがきわめて大きいのは日本に限ったことではないし、そうした単純なラベルは、人々の認識作業の省力化に貢献してくれる。無論、本書の企図するところは、そんなイメージを補強することではない。むしろ、生涯を通して変化し続け、新しくそれ以外であり続けたトムの歩みをなぞりつつ、その折々の足取りを見つめ、幾度もあった岐路に思いを馳せること。そんなことだ。トムが歩んだいくつもの岐路、その各々の文脈と、現在のわれわれを取り巻く日常の文脈との重なり。その重なりを透かしてながめるとき、トムのリフレクティングへの歩みと、現在のわれわれの歩みとにどのような新鮮な印象がもたらされるだろうか。

第一節　精神科医になるまで

一九三六年五月二日、トムは、ともに美術教師であった両親のもと、兄と姉に続く三人きょうだいの末っ子としてノルウェーのオスロに生まれた。家族皆にかわいがられ、芸術家肌の両親の影響からか、幼い頃からとても器用だったという。学童期をともに過ごした友人は、トムがとてもユニークで、誰もが彼の話に耳を傾けずにいられないような少年だったと振りかえっている。

ずいぶん幸福そうなトムの子ども時代は、しかし、戦争の時代でもあった。ナチス・ドイツがノルウェーに侵攻したのが一九四〇年四月。五月にはドイツ軍がオスロに入り、六月にはノルウェー国王と閣僚らが国を離れてロンドンに亡命政権を樹立している。ナチス・ドイツが敗北し、ノルウェーの解放がなされたのは、それから五年後のことだ。この戦争は、トムの家族にも大きな影を落とした。トムの父親は、占領軍によって他の教師らとともにフィンマルク（ノルウェー最北端に位置する地域）に連行され、強制労働に従事させられている。

後に整理・出版されたトムの遺稿集（Andersen, 2021）を見ると、一九四一年三月の早朝、家族が一緒に眠る寝室にライフル銃を携えた二人のドイツ兵とノルウェー語を話す一人の男が突然現れ、父親に同行するよう命じたその場面を、五歳の彼が鮮烈に記憶していることがわかる。その時、ベッドの端に静かに座る父と、泣き叫ぶ母の姿を、トムは兄姉たちとともにベッドから見つめていた。父親はゆっくりとした動きで着替えると、「すぐに戻る」と言って部屋から出ていったという。

幼い日のこうした経験は、トムにどのような影響を及ぼしただろうか。先の友人によれば、戦争の日々は、彼らに自分たちのコミュニティのかけがえのなさを体験させ、友情と自主独立の気風を促したという。一年半後、収容所から解放されたトムの父親は、強制労働の合間に描いた北の大自然の風景画を自宅に持ち帰った。家の壁を埋め尽くしたというそれらの絵に描かれた情景は、トムの心に北部への憧れを芽生えさせただろうか。自宅に戻ったトムの父親は、栄養失調からくる病気により一年後に亡くなっている。

その後、オスロ大学で学んだトムが医師の資格を得たのは一九六一年。リレハンメルの病院で外科部門を経験し、学生時代以来の建築学への関心から整形外科医への関心も生じたというが、結果的には、ノルウェー北部のへき地に赴き、一般医として臨床家の道を歩み始める《註1》。この頃、トムを悩ませたのが、彼が「もっともありふれていることで、もっとも難しいこと」と表現する、痛みや凝り、疲れといった多くの人々に共通する身体的苦痛と、そうした状況での会話であった。とりわけ、病気が周囲の人々に及ぼす影響に関心を持ったトムは、その答えを求めて精神医学の道に進むことを決意する。こうして、トロムソでの精神科医としての彼の歩みが始まる。のちに彼は、「精神医学は、

《註1》このときのへき地でのトムの臨床経験は、次のようなものだ。「たとえば、僕が若い一般医として往診に行くと、その家のキッチンは家族や隣人でいっぱいなんだ。彼らは心配して、何か必要なことがあれば、してくれようとして、そこにいる」(Anderson & Jensen, 2007: 158)。こうした経験は、後にトロムソの精神科病院で体験した、遠方から入院してきた患者たちへの臨床風景と対照的なものとしてトムのなかに印象深く刻まれている。

最初の疑問を解いてはくれなかった。結局もっと多くの疑問が湧いた」(McNamee, Gergen, 1992=1997: 93) と振りかえっている。疑問が解けるより、疑問が湧くことの方が大切な場合も多いだろう。

トムの感じた多くの疑問。それは、たとえば、精神医療に見られる「精神病患者」を健康な状態に導くという信念に対する疑問、「精神病患者」を家族や職場や友人から切り離すことに対する疑問、彼らを「患者」と呼ぶことへの疑問、当時主流であった閉鎖病棟への隔離や本人の意思に反した投薬、行動変容といったことへの疑問である。

第二節　トロムソでの最初の実践

一九六五年より精神医学の専門教育を受けたトムは、一九七三年以降、トロムソ大学に籍を置く。一九七二年に開学されたばかりの、北極圏内に位置する当時世界最北の大学だ。この地でトムは精神医療の極北を目指すことになる。大学のあるノルウェー北部の中心都市トロムソの人口は、一九七〇年時点で三万人弱。一九八〇年時点でも三万六千人ほどであった。トムたちは、この頃（一九七三年）から月に一度、週末にインフォーマルな勉強会を開き、サルバドール・ミニューチン、ジェイ・ヘイリー、ポール・ワツラウィックら日本でもよく知られている家族療法家の文献を読み始めたという。

一九七六年、トロムソ大学で社会精神医学を教授する立場となったトムは、精神医療が患者の日常的な生活の場にできる限り近いところ、すなわち、プライマリ・ケアの担い手によって提供されるべきだと考えた。当時、住み慣れた地域から遠く離れたトロムソの精神科病院に入院するということは、その人の地域や家庭とのつながりが断たれてしまうことを意味しており、いったん断たれたそのつながりを修復するのは、容易なことではなかったためだ。

しかし、その頃のトロムソには、病院外でメンタルヘルス・サービスを提供するシステムは、ほとんど存在していなかった（無論、病院に何人かの外来担当はいたが、その比重は小さなもので、外来の専任スタッフはいなかった）。また、当時のノルウェーの医療サービスの仕組みは、市町村レベルの基礎自治体によって出資されているプライマリ・ケア、すなわち、一般医やソーシャルワーカー、保健師らからなる一次医療と、県レベルによって出資されている専門的二次医療に明確に分けられていたが、しばしば、人々はルールを破って、プライマリ・ケアを介さずに専門的医療にアクセスしていた。

一九七七年、トムたちがトロムソのプライマリ・ケアや社会福祉担当の職員に調査したところ、「困難なケースでも精神医療の専門家に相談する機会がほとんどない」「専門的精神医療サービスを提供する外来治療へのケースの委託可能性がきわめて低い」「精神科病院退院後にプライマリ・ケアへ再委託される患者がきわめて少ない」といった不満の声が確認された。一次医療と二次医療の二つの医療サービス間の連携や協働は、かなり不十分なものだったわけだ。トムはただちに政府当局から資金援助を得て、一人の心理士と三人の精神科看護師、三人の精神科医からなるグループをつくり、プロジェクトを開始する。

このときのトムたちの取り組みについて、上記した七人のメンバーの一人、ヴィエ・ハンセンが貴重な記録を残している（Hansen, 1987）。少し長くなるが、実に示唆深い内容を含むため、その概要を紹介しよう。それによれば、このグループの目的は主に三つ。

(1) あらゆるプライマリ・ケアのスタッフ（その職種にかかわらず）の相談に応じること。
(2) 患者とプライマリ・ケア提供者との関係を断つことなく外来治療を行うこと。
(3) 病院への入院をコミュニティ・ケアへと転換すること。

こうした目的のため、グループは自分たちをプライマリ・ケアの内部に位置づけ、患者の入院について照会のあったすべての機関との連携を構築した。グループのメンバーは決まった日にそれらの機関を訪ね、あらゆる職種の人々との合同ミーティングに参加し、個別相談や治療に対応した。同時に、彼らは精神科病院のスタッフとも定期的なミーティングを持ち、病院からの患者の委託も受けた。ただし、そうした委託は必ず最初にいずれかのプライマリ・ケアの機関を通すことにした。これは、将来にわたるケアの持続性を保証するためだ。同様のルールが地域の総合病院からの委託に際しても適用された。

これと同時に特別な取り決めをおこなったのが、午後四時以降の一晩中、医療サービスを提供していたトロムソ唯一の救急医療オフィスである。ここを訪れた精神的問題を抱えた人については、翌日中にプライマリ・ケアのスタッフの一人との面談が保証された。担当となったスタッフは、その後、必要に応じてトムらのグループに相談、委託することができた。

トムたちグループのメンバー自身は、決して精神科病院への入院を勧めることはせず、主導権は患者やその身内の者に委ねられた。どうしても入院の必要がある場合、担当のプライマリ・ケアのスタッフと相談がなされ、その人が入院に関する公式の紹介者となった。こうした一連の手続きを通してトムたちのグループが目指したのは、患者と、彼らにプライマリ・ケアを提供する人々とのあいだのつながりを再構築することにほかならない。

このとき、彼らが治療方法として用いたのは、ヘイリーやワツラウィック、そしてセルヴィニ・パラツォーリらの家族療法であった。このセラピーの場には、ソーシャル・ネットワークにおける大切な人々が可能な限り速やかに招かれた。また、薬物治療は患者本人や家族から直接に要請があった場合にのみなされたという。一九七〇年代後半のトロムソでの話である。

このプロジェクトは、一九七八年から三年間実施され、グループは総計九一四人（女性五三四人、男性三八〇人）の患者に対応した。うち八二六人が自治体としてのトロムソ地区の住民である。この数がトロムソ全体の患者数に占める正確な割合は不明だが、一九七九年に実施された調査によれば、グループによる新サービスは外来治療患者全体の二八％に対応していた。プライマリ・ケアが特に困難な患者をグループに委託していたことを踏まえるなら、それらの患者の入院可能性は、他の患者たちよりも高いものであっただろう。そして、それにもかかわらず、グループが対応した後、精神科病院への入院に至ったのは、三年間で六五人（七・九％）のみであった。

トロムソ地区全体における精神科病院への入院率の変化については、グループのプロジェクト実施以前の三三か月間（一九七六〜一九七八年）とプロジェクト実施時の二二か月間（一九七八〜一九八〇年）とを比較したデータが存在する。プロジェクト実施三年目のデータが含まれていないのは、この時期、病院組織の改編が生じて継続的なデータ比較が難しくなったためである。また、集計はトロムソ唯一の精神科病院であるアスガルド精神病院の二つの精神科病棟（第一病棟、第二病棟）に分けてなされている。二つの病棟は、自治体内の担当地域が異なり、第一病棟が三七%、第二病棟が六三%の人口をカバーしていた。結果、三三か月間の統制期間と比較し、二二か月間の介入期間においては、各地域の総人口あたりの入院率が第一病棟で四〇%減少、第二病棟で六%減少している。

どちらの病棟でも入院率の減少という傾向は確認できるが、四〇%と大きく入院率が減少した第一病棟に比べ、第二病棟の減少率は限定的に見える。これついてハンセンは、入院のほぼ半数が精神科病院のスタッフによって誘導されており、このプロジェクトの趣旨を理解し、入院を避け、プライマリ・ケアへの委託を心掛けた第一病棟に比べ、第二病棟ではいくつかの理由でそれが十分になされなかったためであろうと考察している。さらに、「グループに対する協力の欠如の主な理由は、おそらくトロムソの精神医療環境において全体の合意なしにこの取り組みがなされたためだろう」(Hansen, 1987: 127) とも述べられている。

病棟間の差はあるにせよ、トムらのグループによるプロジェクトは、当初の目的に対して全体として大きな成果を挙げたといえるだろうし、プライマリ・ケアのスタッフたちは、この取り組みの継続を望んでいた。当然、プロジェクトのさらなる発展が期待されるところだ。しかし、地域の責任者は、プロジェクトの継続に関して病院の精神科医たちに意見を求め、その結果、打ち切りが決定される。トムの無念さは、どれほどのものだっただろう。ハンセンの言う合意の得られなかった「トロムソの精神医療環境」とは、すなわち、精神科病院の主流を占める精神科医たちだったのである。当時、多くの精神科医たちは、適切な医療は病院内でなされるものと考えており、トムたちのやったことは、そうした考えへの挑戦であった。

このプロジェクトにおける経験は、しかし、トムにいくつかの実践上の指針と教訓を与えたに違いない。地域に出向いて、そこに暮らす人々と接することで初めて可能となる、全体性と文脈性を視野に入れた精神医療。患者や家族、それに加えて、プライマリ・ケアのスタッフ、自分たち精神科医をも含んだシステミックな実践《註2》。そして、外からでなく内からこそ生じる変化。

第三節　二つの出会い

一九七〇年代後半のトロムソでのプロジェクトが頓挫した後も、トムたちの家族療法への関心は消えなかった。むしろ、地域での経験を通して一層、人々をその環境から切り離し、独立したモノのように扱う従来の病院での見方から離れ、「文脈」のなかで「時間」とともに変化する人々に関わる家族療法のアイデアが、その実質を伴って彼らのものとなっていった。当時、注目を集めていたミラノ派のルイジ・ボスコロやギアンフランコ・チキン、アッカーマン研究所のリン・ホフマンやペギー・ペンとの親密な交流は、トムたちの実践に深い影響を与えていく。実際、トムたちはミラノ派のやり方で家族たちとの面接を重ね、当初のスタイルから進化を続けていたボスコロやチキンによるトレー

《註2》患者と家族、一般医、精神科医という関係において、精神科医としてトムが一般医のオフィスを訪ね、ときにトムが患者や家族と会話する様子について一般医に観察する機会を提供するという、リフレクティング・トークのひとつの先駆的形態と見られる実践が Andersen（1984）ですでに紹介されている。こうした実践も、ここで紹介したプライマリ・ケアと連携したプロジェクトの経験があってこそ生じたものと推察される。

ニングを通して、その家族療法のエッセンスを学んだのだった。

ただし、トムは決して当時の家族療法のあり方すべてに満足していたわけではない。一九八一年、北イタリアでミラノ派による家族療法のトレーニングを受けていた際、ミーティング中に家族らを置き去りにして、家族のいない密室で専門家だけで議論することに、トムは疑問を感じたという。当時主流であったこの家族療法では、ワンウェイ・ミラーによって隔てられた（クライエント家族たちが面接を受ける）面接室と（面接室の様子を専門家たちが観察する）観察室という二つの空間の分断が基本構造をなしていた。面接者はタイミングを見計らって面接を中断し、ミラーの背後で専門家たちからの助言を受ける。膠着した家族関係をシステムとして観察し、そこに変化をもたらす介入を多角的な視点から検討することを意図したこの構造は、コミュニケーションに関する理論と技法の開発につながり、大きな成果を上げていた。しかし、トムは不快だった。「どうして僕らは、部屋に留まって家族らのいる場で議論し、家族らにそれを聞いてもらわないんだろう」。こうした疑問と居心地の悪さは、新たな実践への変化を生み出す。無論、ただちにではない。変化は、それを促す触媒（実際には双方に変化が生じているのだから、この言葉は必ずしも適切ではないが）との出会いによって、はじめて可能となる。

この頃、トムの臨床家としての人生に大きな影響を与えた二つの出会いがあった。ひとつは、トムが「その女性のやっていることを理解するために人生の大半を費やした」と振りかえるノルウェーの理学療法家、アデル・ビューロー・ハンセンとの出会い。もうひとつは、コラボレイティヴ・アプローチで知られ、トムが生涯、その言葉を大事に引用し続けたハロルド・グーリシャンとの出会いである。

ビューロー・ハンセンとの出会いは、トムと同年生まれの理学療法家グドラン・オブレベルグを通してのことであった。オブレベルグは、ノルウェーで一九四〇年代に開発された独自の理学療法NPMP（Norwegian psychomotor physiotherapy）《註3》の創始者として知られるビューロー・ハンセンに一九六一年から師事しており、トムは一九七〇年代から彼女たちのグループとの協働に取り組んでいる。

人々の直面する痛みへの対応が、医師としての道を歩み始めた当初からトムの関心であったことは、先に述べた通りだ。筋肉の緊張、呼吸、感情の相互連関に焦点をおき、患者の人生経験と、現在おかれた状況に注目するビューロー・ハンセンの実践は、精神医学の道を歩むトムにとって、豊かな示唆を与えるものだった。それは到底一通りのものではない。一九八三年から八五年にかけて、トムとオブレベルグは、ビューロー・ハンセンの施術に同席し、その様子をビデオに録り、そこでの患者とのやりとりや、起きていることのすべてを書き起こした。当時、ビューロー・ハンセンは毎朝八時から夕方四時まで一日に七人の施術をおこなっており、トムたちは、その施術後に話し合いを重ねたという。一九八六年、その成果は一冊の本（Øvreberg og Andersen, 1986）にまとめられ、刊行されている。

トムとNPMPグループとの協働はその後も継続しており、相互の影響は計り知れないが、このときトムが学んだのは、たとえば、こうしたことだ。「彼女の手が柔らかすぎたら、胸の動きに変化は起きない。だが、もしも、その手が少し強ければ、胸のさらなる動きが生じる。もしもその手が強す

《註3》NPMPは、現在もノルウェーにおいて独自の理学療法として明確に位置づけられており、その実践者となるための大学院での専門教育課程も設置されている。人口当たりの理学療法士数が多いことで知られるノルウェーには、五三〇万人余りの総人口に対して一万数千人の理学療法士が存在するが、NPMPの実践資格を有する者は数百人で、特にメンタルヘルス領域で医療や心理と連携した臨床実践がなされている。

ぎたり、長くやり過ぎたら、人々は大きく息を吸い込んで、吐き出さない。それが彼女のいつも探しているこどだ」(Malinen, Cooper, Thomas eds., 2012=2015: 63)。グレゴリー・ベイトソンの文章を通して学んだ「差異を生む差異」「変化を生む変化」という概念が、そこではビューロー・ハンセンと患者との間で生き生きと体現されていた。しかも、トムたちがそれを観察し、記述するまで、彼女自身、それを意識することなく。

さらに、ビューロー・ハンセンによって促されたのが、「あれかこれか(either-or)」から「あれもこれも(both-and)」あるいは「あれでもなくこれでもない(neither-nor)」へのパースペクティヴの変化である。一九八四年の秋頃まで、トムたちはセラピーにおいて家族らに何らかの指示をおこなっていた。「あなた方の状況はこうです」「だから、このようにしてください」といった具合だ。そうした振る舞いの前提には、専門家こそが「正解」を有しているという思い込みが存在する。しかし、ビューロー・ハンセンは、トムらに特定の見方に立つことの危うさを指摘した。彼女は施術を行う相手の身体の内側から、常に多様な声を受けとめていた。やがて、トムたちの話し方は、「あなたがたの理解の仕方に加えて、僕たちはこんなふうに理解しました」「あなた方がしてきたことに加えて、こんなことは想像できるでしょうか」というふうに変化していった。一見、些細なことにも見えるこの変化は、リフレクティング誕生への道を拓く大きな変化であった《註4》。

臨床家としてのトムの人生に大きな影響を与えたもうひとつの出会いは、ハロルド・グーリシャンとのそれである。トムがグーリシャンと初めて出会ったのは一九八二年、ヒューストンで開催された大きな会議の場であり、二度目は一九八四年、アイルランドのコークであった。二度目の出会いの際、二人は大いに語り合い、トムはその会話に感銘を受け、翌一九八五年の六月、初めて彼を北ノルウェーに招いている。その際、同僚たちにグーリシャンを紹介したトムの言葉はただ一言、「僕がハリー（筆者註／人々は親しみを込めてグーリシャンをそう呼んだ）を北ノルウェーに招いたのは、彼がそれほど良い人だからです」であった。それ以上なにも言う必要を感じなかったのだろうし、実際、人々はすぐにグーリシャンの人となりを敬慕した。グーリシャンを囲んでの熱心な議論はいつも夜中まで続いたが、翌朝には彼自身が真っ先に起きてきて、「僕らの議論についてもう一度考えたんだけど、こんなふうにも言えるんじゃないかと――」と始めるのが常だったという。

初めてノルウェーを訪れたときから、グーリシャンはトムの良き理解者だった。彼は、その頃トムが専門家として巻き込まれていた争いが、異なるイデオロギーや政治的志向を持った他の専門家たちとの強烈な理論的・倫理的差異に深く根ざしていることをただちに見てとった（「それも僕自身が気づくよりも先に」とトムは振りかえっている）。以降、一九九一年に亡くなるまで、毎年ノルウェーを訪れたグーリシャンとの絆は、トムにとってどれほど心強いものであったか知れない《註5》。ガルヴェスト

《註4》次章に訳出した一九八七年の論文においては、「あれかこれか」から「あれもこれも」への変化は、マトゥラーナの認識論に結び付けて言及されているが、Ovreberg og Andersen（1986）では、ビューロー・ハンセンの影響大であることがトム自身によって述べられている。ベイトソンの差異概念同様、テクストを通した学びに身体感覚を通した体験が重ねられることで、トムの内で知識が血肉化していったということかもしれない。

《註5》こうした二人の交流の様子について、野村（2013）に紹介されている。

ンの海岸に発したメキシコ湾流は、大西洋を横断し、ノルウェーの海岸に沿って進みながら、ついにトロムソのある北極圏にまで暖かい空気をもたらす。ガルヴェストンに暮らすグーリシャンのトロムソ訪問はそのようなものだった。

トムがグーリシャンに心ひかれたのは、その人柄ばかりではない。その頃、グーリシャンを中心とするＨＧＩ（Houston Galveston Institute）のなかでは、「問題決定システム（problem-determined system）」すなわち、システムが問題を生み出すのではなく、問題がシステムを生じさせるというアイデアが育っていた（Anderson et al., 1986）。そうした認識に立つとき、セラピーの目標は、問題決定システムの参与者たちが問題を「違ったふうに」考え、話し合うことのできる文脈を提供することとなる。問題を「違ったふうに」考え、話し合うことのできる文脈の提供。それはまさに、トムが生涯をかけて取り組み続けたことだ。トムは、自身の実践を力強く支える認識論を、グーリシャンや、その同僚であるハーレーン・アンダーソンとの交流のなかで育んでいった。

北極圏の町に暮らしつつも、この頃からトムは世界各地の臨床家や理論家とのネットワークを育て、交流を重ねていく。グーリシャンの最初のノルウェー訪問の舞台になった「六月セミナー」（June Seminar）は、トムが一九八二年以来、丁寧に配慮を尽くして、毎年開催していたセミナーである《註6》。このセミナーは、つねに参加者が自身を表現でき、リフレクトするための「間」が確保され、何かを受けとることのできる「安全な場所」であったという。ここには、当初からリン・ホフマン、ペギー・ペンらが参加し、続いて（一九八四年—）、ルイジ・ボスコロ、ギアンフランコ・チキンといったミラノ派の家族療法家、その後（一九八七年—）、グーリシャンとともにハーレーン・アンダーソン、さらに、家族療法の枠を超えてセカンド・オーダー・サイバネティクスで知られるハインツ・フォン・フェルスター、オートポイエーシスの提唱者であるウンベルト・マトゥラーナ、ラディカル構成主義のエルンスト・フォン・グレーザーズフェルドといった人々が招かれることもあった（一九八八年）。

後年の著作や発言からも見てとれる通り、トムがグーリシャンから受けとったものはきわめて大きい。時系列的に見るなら、二人の関係の多くは、一九八五年三月のリフレクティング・チーム誕生以降のものであるため、本書では第三章以降であらためてそれに触れることになるだろう。ここでは、トムの言葉をひとつだけ引いておく。「大切なのは、いつもやっていることの繰り返し以外にも、可能性があることを知ることだ。私にこの考えができたのは、ハロルド・グーリシャンと接したおかげである」(McNamee & Gergen, 1992=1997: 90)。グーリシャンからの影響の最も深いもののひとつがここに述べられている。変化を勇気づけ、次なる歩みを促してくれるその声は、一九九一年のグーリシャンの死後も常にトムとともにあった。

《註6》この六月セミナーは、常に都市部から遠く離れた場所で開催された。あえてそのような不便な場所を選び続けた理由は、一九八一年、その元となる会合をトロムソで開催した際、地域における精神医療について話し合うはずの場で、参加者たちの話題が精神科病院の話題に終始したことを反省したためである。適切な文脈が保持された場においてこそ、話し合うべきことが実質を伴って話し合われ得ることを、われわれは繰り返し忘れがちだ。

文　献

Andersen, T. (1984). Consultation: Would you like co-evolution instead of referral? *Family Systems Medicine, 2*(4), 370-379.

Andersen, T. (1987). The general practitioner and consulting psychiatrist as a team with "stuck" families. *Family Systems Medicine, 5*(4), 468-481.

Andersen, T. (1994). Tom Anderson: in conversation with Ged Smith. *Context, 21*, 15-17.

Andersen, T. (ed.). (1996). *Dialog og Refleksjon : festskrift til professor Tom Andersen på hans 60-års dag*. Institutt for samfunnsmedisin, Universitetet i Tromsø.

Andersen, T. (2007). Reflecting talks may have many versions: Here is mine. *International Journal of Psychotherapy*, 11(2), 27-44.

Andersen, T. (2021). *Vandringer og veiskiller: En bok om berøring og deltakelse i psykiatri og annet fredsarbeid*. Fagbokforlaget.

Anderson, H. (2007). Tom David Andersen: Fragments of his influence and inspiration. *Journal of Marital and Family Therapy,* 33(4), 411-416.

Anderson, H. & Goolishian, H. (1988). Human systems as linguistic systems: Preliminary and evolving ideas about the implications for clinical theory. *Family Process, 27*, 371-393.（野村直樹＝著／訳 (2013)『協働するナラティヴ——グーリシャンとアンダーソンによる論文「言語システムとしてのヒューマンシステム」』遠見書房）

Anderson, H., Goolishian, H., Pulliam, G., Winderman, L. (1986). The Galveston Family Institute: Some personal and historical perspectives. In D. Efron, (ed.), *Journeys: Expansions of the Strategic and Systemic Therapies*. New York: Brunner/Mazel.

Anderson, H. & Jensen, P. (eds.) (2007). *Innovations in the Reflecting Process: the inspirations of Tom Andersen.* Karnac.

Epstein, E. & Andersen, T. (2002). Ode an Harry. *Kontext*, 33(4), 318-337.

Hansen, V. (1987). Psychiatric service within primary care: Mode of organization and influence on admission-rates to a mental hospital. *Acta Psychiatrica Scandinavica*, 76(2), 121-128.

Ianssen, B. (ed.). (2012). *Norwegian Psychomotor Physiotherapy/Movements of Life*. Berit Ianssen forl.

Malinen, T., Cooper, S. J., Thomas, F. N. (eds.). (2012). *Masters of Narrative and Collaborative Therapies: The Voices of Andersen, Anderson, and White*. Routledge.（小森康永・奥野光・矢原隆行＝訳（2015）『会話・協働・ナラティヴ――アンデルセン・アンダーソン・ホワイトのワークショップ』金剛出版）

McNamee, S. & Gergen, K. J. (eds.). (1992). *Therapy as Social Construction*. Sage.（野口裕二・野村直樹＝訳（1997）『ナラティヴ・セラピー』金剛出版）

Øvreberg, G. og Andersen, T. (1986). *Aadel Bülow-Hansen's fysioterapi. En metode til omstilling og frigjøring av respirasjon*, Harstad.

鈴木浩二（1994）「北欧の家族療法家 Tom Andersen――その人柄と業績」『家族療法研究』11(2), 156-163.

第二章

リフレクティング・チーム

臨床実践における対話とメタ対話

Tom Andersen
The reflecting team:
Dialogue and meta-dialogue in clinical work
(1987)

オスロの大学に設置された家族療法のためのワンウェイ・ミラー・ルーム

——われわれは両方の部屋にマイクとスピーカーがあることを知っていたので、家族と面接者にわれわれ三人の話し合いを聞いてみたいかどうか尋ねた。明かりと音声が切り替えられ、家族と面接者は、家族についてより肯定的なかたちでチームがリフレクトをするのをながめ、聞いた。

（撮影／渡邉英昭）

＊

本章は、*Family Process* 誌に発表され、トム・アンデルセンの名とリフレクティング・チームという言葉を世界に知らしめた一九八七年の論文、The reflecting team: Dialogue and meta-dialogue in clinical work の翻訳である。

当時、リフレクティング・チームのデモンストレーションを初めて見たリン・ホフマンは、そのあまりの無防備さにショックを受け、「しばらく息ができないほどだった」と述べているのだった。(Hoffman, 2002=2005)。それほど、その変化は世界中の家族療法家に大きな衝撃を与えるものだった。当然、その驚きは表面的な形式の新奇性に留まるものではない。翌一九八八年に同誌に掲載されたハーレーン・アンダーソンとハロルド・グーリシャンの記念碑的論文（Anderson & Goolishian, 1988=2013）において、リフレクティング・チームは、セラピーをコラボレイティヴなプロセスに変えていく、新たな方向性を体現する取り組みとして紹介されている。つまり本論文は、アンデルセン自身の会話哲学の軌跡における大きな一歩であると同時に、家族療法の歴史、さらに広くセラピーの歴史の大きな転換点をなす論文といえる。

一見して気づくのは、アンデルセンの主著として国内で広く読まれてきた『リフレクティング・プロセス――会話における会話と会話』（鈴木浩二＝監訳 2001）《註7》を含め、後年の記述には見られない認識論に関する図式的整理が詳細に展開されていることである。同時に、面接者、および、リフレクティング・チームの具体的な話し方、全体の会話の進め方についても、細部にわたって丁寧に記述されている。それゆえ、本論文は、リフレクティングの理論的含意に関心を持つ読者にとっても、具体的なリフレクティングの実践に関心を持つ読者にとっても、繰り返し参照されるべき基本文献と位置づけることができる。

無論、アンデルセンの実践と思索がそこに留まり続けることはなかったが、本論文の随所に、その後も一貫している会話への構えの萌芽を見てとることもできる。アンデルセンの歩みのなかで、生涯にわたって再考され、変化していくリフレクティングをめぐる記述の鮮烈なる濫觴《らんしょう》として読者と共有したい。

《註7》アンデルセンの主著は、多くの国々で翻訳・刊行されているが、同時に、その折々に加筆・改訂を続けている。そのため、現在、日本で翻訳・刊行されている本の内容は、一九九一年に刊行された英語版（*The Reflecting Team: Dialogues and Dialogues about the Dialogues*, Norton）とは異なっており、後に刊行された二〇〇五年のデンマーク語版（*Reflekterende processer: Samtaler og samtaler om samtalerne*, Dansk psykologisk forlag）とも、二〇一一年のスウェーデン語版（*Reflekterande processer: Samtal och samtal om samtalen*, Studentlitteratur）とも異なっている。

Andersen, T. (1987). The reflecting team: Dialogue and meta-dialogue in clinical work. *Family Process*, 26(4), 415-428.

リフレクティング・チーム――臨床実践における対話とメタ対話／トム・アンデルセン

要旨――「膠着した」システム、すなわち問題を抱えた家族は、そのパースペクティヴや文脈的前提を押し広げるための新しいアイデアを必要としている。本アプローチにおいては、ワンウェイ・ミラーの背後のチームが面接者と家族メンバーの会話をながめ、聞いている。面接者は、家族の許可を得て、面接中に起こったことでチームメンバーが気づいたことについて尋ねる。家族と面接者は、チームの話し合いをながめ、聞いている。その後、面接者は家族が聞いたことについてのコメントを家族に求める。このやり取りが一回の面接で一回から数回生じる。家族との面接がリフレクトの生じる源泉であるため、本論文において、われわれはまず、家族との面接の仕方について述べる。その後、リフレクティング・チームの作法について記述・例示し、いくつかの手引きを提示するが、これは、観察のプロセスがあらゆる発言を増幅する傾向を有するためである。二つの事例を例証として用いる。

数年前、われわれは若い面接者のスーパーヴァイズをしていた。その面接者は、面接している家族の悲観的な見方に繰り返し引き込まれていた。ワンウェイ・ミラーの背後から観察していたわれわれ三人は、彼を三度呼び出し、より楽観的な質問を彼に示唆したが、そのたびに家族は彼を悲観的な見方へと引き戻した。われわれは両方の部屋にマイクとスピーカーがあることを知っていたので、家族と面接者にわれわれ三人の話し合いを聞いてみたいかどうか尋ねた。明かりと音声が切り替えられ、家族と面接者は、家族についてより肯定的なかたちでチームがリフレクトをするのをながめ、聞いた。明かりと音声がその後再度切り替わると、家族との面接はより楽観的なかたちで進んだ。のちに、われわれがこの革新について話し合った際、リフレクティングのプロセスを誰もがどれほど気に入っていたか、特筆に値する。家族、面接者、そしてチームもそれを気に入っていた。さらに、それについてわれわれと話し合った誰もがそれを気に入った。これが「リフレクティング・チーム」の始まりである。

われわれの実践の背景

アーサー・ケストラーが彼の著書『創造活動の理論』で書いているように、「それ〔原註／創造活動〕は無から何かを造り出すのではなく、すでに存在している事実、アイデア、才能、技巧を、発掘し、選び、転換させ、結合させ、そして合成するのである。その部分部分がありふれたものであればあるほど、新しい総合体は目ざましいものである」(Koestler, 1975: 120-121)。この見解に従うなら、われわれの実践のやり方に主に寄与しているのは、グレゴリー・ベイトソン、ウンベルト・マトゥラーナの著作(Bateson, 1972, 1978, 1979, Efran & Lukens, 1985, Maturana, 1978, 1985, Simon, 1985)、そして、家族とその実践を行う家族療法家についてのわれわれの観察であった。それらのセラピストとは、イタリアのミラノ派、ニューヨークのアッカーマン研究所、テキサスのガルヴェストン家族研究所のメンバーたちである。われわれが最も感銘を受けたことは、これらのチームが話している人々に誠実であるために示した慎重さや本物の敬意である。

　ベイトソンやマトゥラーナの著作に対するわれわれの関心の焦点は、主に彼らが認識論について述べていることにある。両者は、観察者こそが「現実」と呼ばれる区別を生み出している、とする点で一致している。ある人の世界についての描像や知識は、その世界に対するその人の態度の土台となる。「そこにある」同じ世界を経験した人々がその世界について異なる描像をつくるゆえに、どちらの描いたものが正しいかという議論が生じ、問題が発生する。私のものか、あなたのものか、正しいのはどちらなのか、と。マトゥラーナは普遍性（universum）ではなく多様性（multiversa）について、つまり、数多くの可能な意味づけが数多くの世界を構成することについて述べた。これこそ、彼が「客観性」という言葉を括弧付きにした理由である。人はある描像やその説明について、あれもこれも（both-and）あるいはあれでもなくこれでもない（neither-nor）という観点から考えるべきで、あれかこれか（either/or）という考え方を捨て去るべきである、とマトゥラーナは言わんとしていたと私は確信している。

　二人以上の個人から構成される生きたシステムは、描像や説明をやりとりする可能性を有する。二人が互いの見方を分かちあうとき、各々が相手の異なる見方の「現実」を受け取る。これらの差異は各々の描像に新たな視点をもたらし、進展する差異から生まれる豊かな描像たちは、ボグダン（Bogdan, 1984）がそう呼ぶように、アイデアの生態学となり得る。逃れることの困難なこうしたやりとりこそが、人生を進展し、変化していくプロセスとするのである。

私の理解するところでは、生命体は「構造的に決定される」とマトゥラーナ（Maturana, 1978）は述べている。つまり、生命体は自身がそのようにつくられたあり方に一致するようにしか作動しない。二人以上の個人からなるシステムにおいて、人々のあいだのやりとりは、各人が自分のままで居続ける必要があるという事実を尊重せねばならない。このことは困難を抱える家族と援助チームというグループ間の関係にも同様に当てはまる。どちらのグループも、進行中の関係のパターンを保持しようとする相手グループのニードを認識せねばならない。すべての生きたシステムは自律的システムとして組織されており、そのシステム自身のみが、いつ、どのようにその構造を変化できそうか、あるいは、いつ崩壊しそうか、消滅しそうかについて知っている。グループであれ個人であれ、一方の側が心に留めておくべきことは、相手側は自らのレパートリーの中であらかじめ利用可能な関わりの様式のひとつを通じてのみ、そこに参加し得るということである。もし、双方の関係が十分に「安全」で、押しつけがましくなく、興味深いものなら、新たなアイデアをもたらす相互のやりとりは、新たな関わりの様式の契機となるだろう。

マトゥラーナ（Maturana, 1985）によると、多様性、変化、関係における観察者性を涵養する方法は三つある。一つめは、愛を通じて。二つめは、「異邦人」になること。異邦人はその異なる背景により、あるシステムの既存の世界観に、新しくエキサイティングな見方を加えることができる。三つめの可能性は、少しのあいだ孤独に引きこもることである。それは北ノルウェーに暮らすわれわれが山の中へと姿を消し、「ちょっとした」異邦人として戻ってくる際にやっていることである。

ベイトソンは、同じ世界の異なる見方を分有する重要性を指摘している。異なる見方はその人の世界に対する態度に影響を与え、世界を以前とは異なるものにする。セラピーの状況においては、膠着したシステムに提示された新たな見方によって、問題をめぐる「行き詰まり」からそのシステムが抜け出すことを意味する。情報とは「差異を生む差異である」（Bateson, 1972: 453=507）というベイトソンの言葉を検討する中で、われわれは三種類の差異の区別が重要であることを見出した。第一に、小さすぎて受け手が気づかない差異。第二に、感知し得る差異。つまり気づかれるのに十分な大きさということである。第三に、大きすぎてシステムに破壊的影響をもたらすかもしれない差異。この場合、そのような差異をもたらそうとする者に対して、システムは自分自身を閉ざすことがよくある。こうした検討から、われわれの実践のためのいくつかの一般的な手引きや、より細かな指針となる手順が生まれた。

主な実践の手引き

第一に、止まったままのシステムは、同じことをあまりに何度も繰り返しており（Wazlawic, Weakland, Fish, 1974=1992）、新たな差異はごくまれである。援助者は、この同一性を基本的に尊重しなければならない。なぜなら、それは現在のシステムがどこでどのような状態にいるか、そして、いるべきかを表現しているからである。実際問題として、このことは援助チームが普通と異なりすぎない方法で、普通と異なりすぎない話題について話すため、普通と異なりすぎない状況設定を見出さねばならないことを意味する。膠着したシステムが、普通と異なりすぎることに対して抵抗するのを尊重することが大切である。この境界の正しい側にいるかどうかを知る唯一の方法は、われわれの質問に対してシステムが自分自身を閉ざす際に発するサインに敏感になることである。そこでわれわれは、そのシステムが普段から自問している質問とは十分に異なるものの、異なりすぎないような質問を見出すため、われわれの創造性が自由に、ただし自由すぎないように飛びまわれるようにしなければならない。

第二に、面接の主な構造は、ブラウント（Blount, 1985）によって記述された三つのレベルの間を行き来することである。それらは描像レベル、説明レベル、オルタナティヴなレベルと呼ばれる。私は、以下の図式によってこの構造を描写したい（図1参照）。

家族が何について話したがっているのかに従って、私は質問し、家族の描像についての私自身の描像を描き始める。無論、自分の認識論に沿ったニュアンスにおいて。私が質問することで新たな異なる答えが呼び起こされ、それがまた新たな質問を促すだろう。望むらくは、これらを通してより幅広く、より精緻な描像を生みだすことが、家族にとっても、私自身にとっても期待される。

それから、私は家族にその描像についてどんな説明ができるかを尋ねる。時間をかけて描像の進化をたどっていくと、問題となっている事柄が変化に富むものであったことがしばしば明らかになるし、そのことは、その問題が今後も変化するかもしれないことを示している。その後、ペン（Penn, 1985）が述べたような未来についての仮説的な質問〔訳註1〕のいくつかを適宜尋ねることができる。こうした質問は、あらかじめ未来が決まっていると家族が信じていない場合にのみ使うことができるものだが、描像の中で誰かがそうしたいと望むような何らかの変化があるかどうかを尋ね、その後、もしその変

図1――描像の記述、問題の説明、
オルタナティヴな記述のやりとり

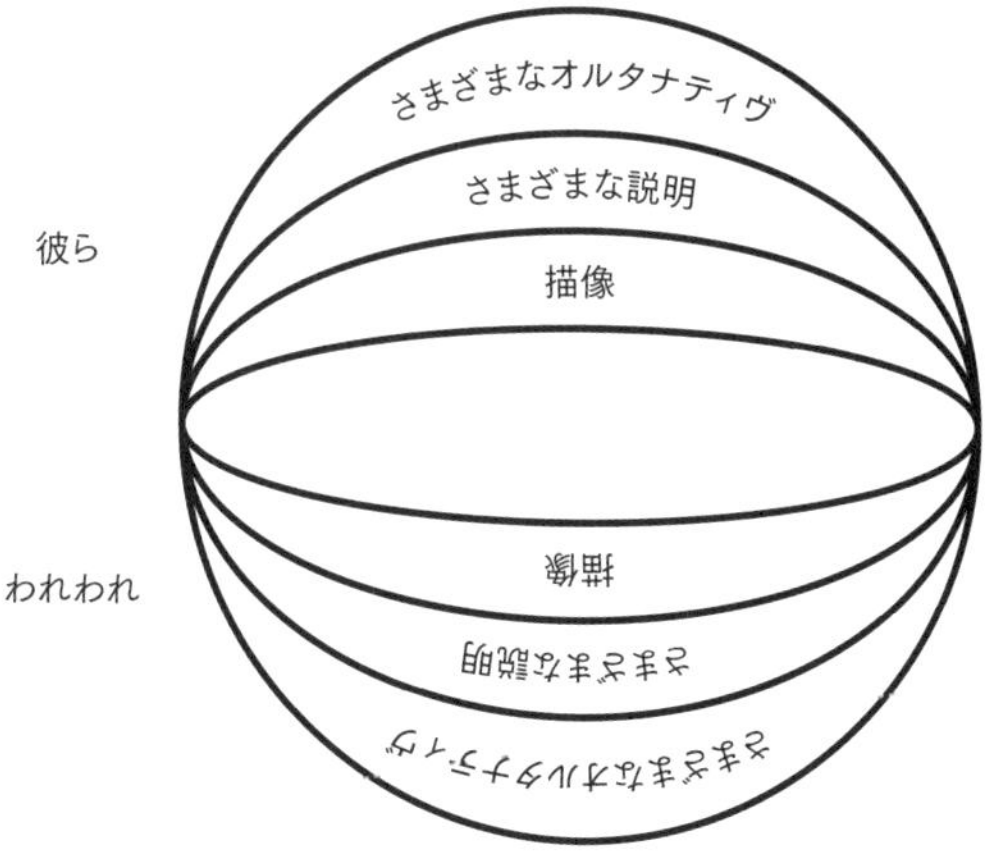

訳註1――アンデルセンの盟友でもある家族療法家ペギー・ペンは、一九八五年の論文において「フィードフォワード（feed-forward）」という技法を提案している。これは、家族らに一定の未来の時点における自分たちの関係のあり方をイメージしてもらうもので、肯定的意味づけを伴った未来に関する質問（future question）を通して、現在のジレンマに対するメタ・ポジションへと家族を導き、新たな解決に道を拓くことで家族の変化を促す技法である。

化が起こったなら、それに続いて何が起こるかを尋ねる形を取る。また、もし描像に別の説明が生じたなら、その描像に含まれている状況に何が起こるかを尋ねることもできるだろう。

こうしたオルタナティヴなアプローチは、家族の思考プロセスをより自由にするのみならず、厄介な状況にオルタナティヴな答えを提供するかもしれない。ワンウェイ・ミラーの背後のチームは、彼ら自身の描像、説明、オルタナティヴをつくることに加え、家族メンバーがどのように自分たち自身の描像を描くか、どのようにそれらを説明するか、どのようにオルタナティヴを発明するかについて考える可能性を有している。面接者は、すでに示されたように、「何であるか」（描像）という質問から、メタレベルの「どうやって」（説明）という質問に移行するかもしれない。

留意すべきことは、問題の「行き詰まり」から同じ速さで脱する家族は二つとないということである。ミラノ・チームによって考案された円環的質問法（Penn, 1982, Selvini-Palazzoli et al., 1980）〔訳註2〕は、家族の準備状態にあわせて導入される。ミラノ派における中立性の強調、否定的意味づけの回避への配慮は、われわれの実践でも同様に用いられている。これら二つのやり方は、家族が自分たち自身に関してメタ・ポジションへと移行するために必要だと考えられる。

細かな手順

どんなときも最も自然と思える道を選べるように、以下の手順は面接において異なる順序で進めてもよい。

会話のはじまりを注視する

問題状況が家族によって提示されるとき、目立った発言や感情表現が見られるかもしれない。もしそれが生じたなら、会話の速度を落とし、そうした感情について家族が詳しく述べる機会をつくるべきである。そうした感情は重要であり、問題の「核心」へと導いてくれるかもしれないゆえに。

状況設定の新奇さについて

チームのメンバーのうちの二人が最初に家族と会い、この設定、つまりワンウェイ・ミラーを用いてチームとともに面接したいことを説明する。この手続きにおいて、もし、そのような設定が普通とは異なりすぎる場合、家族はこの設定を断り、二人の治療者とだけ面接を続けることができる。

訳註2――円環的質問法は、ベイトソンの情報概念に着想を得たミラノ派の代表的質問技法。情報とは差異であり、差異とは関係性（あるいは関係性における変化）であるとみなす。その基盤にあるのは、直線的因果律に対する円環的な見方である。実際の質問では、家族の言語的・非言語的情報に注意しながら、問題が起こったときの家族メンバーの行動パターン、ある時点前後の違い、誰と誰が同じ反応を示し、誰と誰が異なる反応を示すかなどについて質問し、家族メンバー間の関係性と差異を明らかにする。ペギー・ペンは一九八二年の論文において、円環的質問の九つのカテゴリー（①言語化された情報とアナロジカルな（非言語的な）情報、②問題の定義に関する質問、③現在の連合配置に関する質問、④異なるシークエンスに関する質問、⑤順位付けと比較に関する質問、⑥同意に関する質問、⑦面前での噂話を促す質問、⑧サブシステム間の比較に関する質問、⑨説明に関する質問）を紹介している。

援助を求めることを決めた経緯

家族の誰もが二つの欲求の間で板挟みとなっている。変化を起こすことと、なにも変化を起こさないこと。これらの連続体上において、ある者は一方の側に傾いていて、ある者は他方に傾いているかもしれない。さらに、変化に対して極端に懐疑的な者がいるかもしれない。まさに、この人こそ家族の現状維持を担っていると言えるのだから、関わり続けるべき重要な人物である。議論が安全の範囲内にあるかどうかを評価するため、その人を頻繁に確認し、意見を求めるべきである。

われわれの質問のいくつかは以下の通り。


「ここに来るというアイデアを最初に持ったのはどなたですか」

「その方は最初、どなたに相談しましたか。次にどなたに相談しましたか」

「そのアイデアを最も喜んだのはどなたですか。最も遠慮がちだったのはどなたですか」

「もし最初にこのアイデアを提案した方が提案しなかったとしたら、他の方が提案していたでしょうか」

「あなた方のうち、どなたとどなたが、事前にこの面接について最も一緒に話しましたか」

「今朝起きたとき、ここに来ることを最も期待していたのはどなたですか」

「この面接から何を得たいとお望みですか」

問題

続く質問では、問題について尋ねることができる。

「問題、あるいは、諸問題は何ですか」

「さまざまな問題の定義についてどなたが同意し、どなたが同意していませんか」

「問題の経緯は何ですか。いつ始まりましたか。何か変化はありましたか」

「あなたは何と説明しますか」

「どなたが関わっていますか。どのようにそれに関わっていますか」

「その場面に最初にどなたが現れましたか。次はどなたですか。問題に関わっている皆さんの中で最も関わっていないのはどなたでしょうか。ある方はどのようにして関わるようになり、別の方はどのようにしてそうならなかったのですか」

「どんな機関が関わっていますか」

「関わっているさまざまな方々は、問題解決のために何をしてきましたか。その人が解決に努力しているとき、他の方々の反応はどうでしたか。もし他の方がそうした努力をしたとしたら、結果はどのように違ったでしょう」

「もし問題について別の説明が浮上したならば、何が起こるでしょうか」

いつものパターンは何か

このパターンは家族の来談状況のうちに現れる。それゆえ、チームは事前に円形に配置された椅子で誰が誰の隣に座るかを意識しておく必要があるだろう。誰が誰の反対側に座るか。ある人々は繰り返し同意ばかりし、ある人々は繰り返し反論ばかりしているだろうか。家族は強く結束しているか、強く分離しているか。強く結びついた家族は類似性を示す傾向がある。このことは、差異をあらわにする質問に価値があることを示唆している。互いに距離を置く家族は、非常に異なる意見や態度を示す傾向があり、その家族には類似性について質問できるかもしれない。質問が家族に適合しているのか、していないのかは、面接者へのオープンさによって示されるだろう。

ある家族、あるいは家族メンバーは、個人に関する問題、特に患者とみなされた人に関する問題で頭がいっぱいかもしれない。関係的特質についての質問は、ここに豊かな差異をもたらすだろう。反対に、もし家族が概して関係的な概念を用いているのであれば、個人の問題点に焦点を当てた質問が役立つかもしれない。ある人々は、もっぱら過去志向である。その人々のためには、現在や未来に焦点を当てた質問が最も有意義かもしれない。ある人々は、問題解決や特定の問題解決行動に頑なに集中する。そのような場合、そのテーマに留まり、試みられた解決が依拠する前提を注意深く尋ね、その前提の土台を広げる新たな質問を投げかけ、新たな解決について議論せねばならない。ある人々は問題にある数多くの不明確な面に圧倒されて出口が見いだせないと感じている。そのような場合、描像のあらゆる部分について尋ね、それらの部分どうしがどのように結びついているかを尋ねる。このように全体の描像を探索することは、新たな意志決定の道を開くだろう。

ある家族の中では、一定の感情的ニュアンス、たとえば抑うつ的、あるいは悲観的な雰囲気が広がっていることに気づくかもしれない。面接者は、最初にその特定の雰囲気について尋ねるかもしれない。もし、この雰囲気がしばらく支配的だと家族メンバーが言う場合、面接者は家族が幸福を感じたのは最近いつであったかを尋ねるかもしれない。「そのとき何をしましたか。そのとき最も幸福だったのはどなたですか。幸福が再び訪れると最も信じているのはどなたですか。いつ再びそんなことが起こりそうだと思いますか。再びそれを起こすように何かをすることを最初に考え始めそうなのはどなたですか」

治療的関係に気づく

われわれの実践のための手段とは、家族とチーム、あるいは面接者間の関係であるため、その関係をよく注視しなければならない。ときに家族メンバーは、あまりに自分の知識やアイデアを披露したがるため、メンバー全員が一度に話そうとして面接者が圧倒されていることに気がつかない。話ができるようにするために、チームは面接を受ける人とワンウェイ・ミラーの背後から会話を見守る人に家族を分けようと提案するかもしれない。ときには、会話の量があまりに少ないため、チームは会話を続ける前にしばらく待つことを提案するかもしれない。

変化のプロセスを評価する

特定の種類の質問が次第に受け入れられ始めたなら、それは変化のプロセスの始まりを示している。このような場合にわれわれが注意しながら続ける質問は、関係的特質についての質問、差異や類似についての質問、仮説的質問である。また、われわれは家族が面接を終えて去るときの握手の仕方や、われわれへの目の向け方についての印象と、面接冒頭におけるそれらの印象とを比較する。家族が去るとき、よりオープンな握手や眼差しであることは、変化が進みつつあることを示している。

会話についてのチームのリフレクション

面接者と家族は各々が自律的システムとして十分に尊重される。彼らは自分たちが好むやり方で、自分たちが話そうと選択したことについて話す。特定の質問を尋ねるように、あるいは特定の話題について考えるように、といった提案をチームがしてしまうことで、面接者を邪魔しないことが望ましい。家族―面接者システムが思った通りにすべきであり、面接者は、上記の手引きを最も心地よい仕方で用いる。

会話が展開しているとき、ワンウェイ・ミラーの背後のチームメンバーは自分たち自身のアイデアを生み出す。鏡の背後の誰もが、他の人々が自分のアイデアを生み出すための自律性を尊重するため、皆、静かに耳を傾ける。これはわれわれが以前、互いに議論して仮説を立てていた様子とは対照的である。事前にわれわれがアイデアを論じることが少なければ少ないほど、アイデアの生態学が拡張する可能性が大きくなることがわかっている。

しばらくの間、最低でも一〇分から一五分、ときには四五分程度、会話を見守った後、チーム、あるいは面接者がチームのリフレクトを聞く可能性を示唆する。面接者は家族に「この時点でチームが役立ちそうなアイデアを持っているのではないかと思います。チームに持っているか尋ねてもよろしいでしょうか」と尋ねるだろう。もし家族が同意したなら、鏡の背後の人々が音声のスイッチをオンにし、家族と面接者側の音声のスイッチをオフにする。面接室の明かりを暗くし、チームの部屋の明かりをつける。こうした交代は、チームメンバーがドアをノックし、「われわれはあなた方の会話に役立つかもしれないアイデアをいくつか持っています」と伝えることでも可能である。家族と面接者はその後、家族の会話についてのチームの会話に耳を傾ける。これは通常二分から一五分続く。

　このリフレクションは推量的なもので、チームのメンバーが最初、自発的に自分たちのアイデアを表明することから始まる。アイデアのいくつかは、チームメンバーが重要と感じるのに応じて、会話の中で深められるかもしれない。これらのアイデアは、面接中に生じた言語的、あるいは非言語的材料と関連づけられるべきである。わずかなアイデアしか許容できない家族もいるし、多くのアイデアを許容できる家族もいる。違いすぎてはいけないというルールは、リフレクティング・チームにも適用される。これは、論じられるアイデアは家族にとって新しいものであるべきだが、伝えられる内容においても、伝えられる方法においても、普段と異なりすぎてはいけないということである。

　チームは、家族の非言語的やりとりに言及することに注意深くあるべきである。ときにチームは、家族が話す準備のできていないこと、たとえば強烈だが表現されない感情、あるいは、本人たちが気づいていない家族メンバー間の隔たりの証拠を目にするかもしれない。チームはそうしたコミュニケーションに気づかぬふりをするかもしれないし、そうでなければ、以前は気づかなかったことに対して家族がより敏感になれるよう、ためらいがちで確信がない様子でこれらについてコメントするかもしれない。何についてコメントするかは、きっとタイミングの問題である。

　チームが全体的にあれもこれも、あるいはあれでもなくこれでもないという観点から話すことが役立つこともわかっている。それは家族があれかこれかの観点から語ることがよくあるからである。しかしながら、家族がメンバー間の境界を欠いていて、家族全員が共通の信念を持っているように見えるときは、対照的にチームがあれかこれかを導入するときかもしれない。これら多様な可能性がいかに実行されるかは、まさしく多様である。あるときは、それぞれのチームメンバーがあれもこれもの観点からリフレクトする。あるときは、一人があれこれについて話し、別の人がそれらについて話す。

一般的なルールとして、発言のすべては推量的になされるべきである。「確信は持てないのですが」「私の心に浮かんだのですが」「もしかすると」「――のような感じを私は持ちました」「これは適切ではないかもしれませんが」などである。リフレクションは、宣告、解釈、指導的な意見といったものではなく、控えめな申し出という性質を備えていなければならない。

今までのところ、リフレクティング・チームは三人が有益であることがわかっている。それは他の二人のアイデアのやりとりを聞いている別の一人が、その会話にフィードバックできるような新たなアイデアをもたらすかもしれないからである。もし治療チーム（一人の面接者と三人のリフレクティング・チーム）が四人より多い場合、他の観察者は静かに観察するグループとしてリフレクティング・チームの背後に座るべきで、面接者―家族システムやリフレクティング・チームが望むのであれば、そのグループを利用することができる。もし、その観察グループが助言を求められたら、家族と面接者とチームを含む全体システムのためになるような方法で助言をすることになるかもしれない。

リフレクティング・チームは、たとえ、いくつかのアイデアに家族が興味を示さない、あるいは拒否されるかもしれないとしても、アイデアを生み出すことが自分たちの役割であることを心に留めておくべきである。重要なことは、家族が自分たちにフィットするアイデアを選ぶのだということを

図2——記述された問題とその説明に関する家族とリフレクティング・チームのバージョン

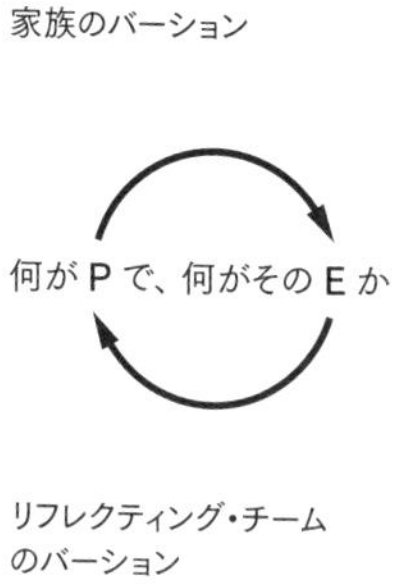

はっきりと理解しておくことである。いくつかのアイデアは役立つことがわかり使われるかもしれないし、望むらくは、いくつかのアイデアが家族の描像、または、描像の理解における小さな変化のきっかけとなることが期待される。リフレクションは、この理解についての理解の変化のきっかけとなることさえあるかもしれない。

　チームは可能な限り家族のスタイルを写し取るために、家族固有のリフレクティングのスタイル、リズム、速度、そしてコミュニケーション様式を見出すよう試みるのが望ましい。ノルウェー人はゆっくり話すため、われわれのリフレクティング・チームはしばしばゆっくりとした動きになる。

　チームメンバーが家族の描像やそれに対応した説明についての自分たちの描像を扱うやり方は、次の図式に示されている（図2参照）。矢印は描像（P）と説明（E）の間の円環的なフィードバックを示している。

　チームはその後、もし描像の中の何かが変わったならば、あるいはこれまでになされた説明が別の説明に取って代わられたならば、何が起こるかを仮説的にリフレクトす

図3——問題についてのオルタナティヴな記述と説明に関する家族とリフレクティング・チームのバーション

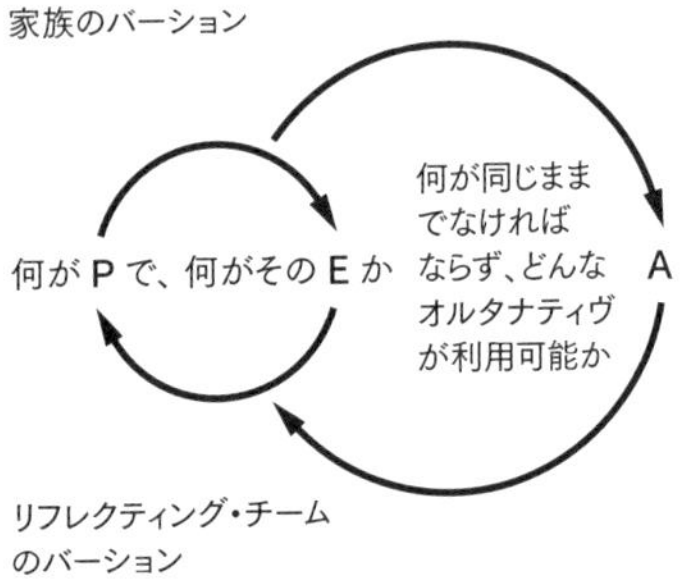

る（図3参照）。矢印は現在の描像や説明について、そのオルタナティヴ（A）を考案する能力につながる円環的な循環を示している。

家族メンバーが問題状況を記述する際にどのように区別を描いたかについてチームがリフレクトするとき、チームは家族—面接者システムと同様に、認識論のレベルへと跳躍するかもしれない（図4参照）。このことで、家族は何を（what）理解したかと、どのように（how）理解したかのつながりを理解しやすくなるだろう。図4は「何を」と「どのように」との対応、つまり基礎をなす認識論（EP）を図示している。

読者はおそらくもう一つのレベル、すなわち家族の中に新たな認識論が展開する、あるいは実行に移される可能性があることに気がついただろう。図5の図式は、図2から図4までのフィードバックの循環を示す矢印とともに、オルタナティヴな認識論のフィードバックも含んでいる（AEP）。

図2から図5までの図式の拡張は、左から右へ、描像と説明からオルタナティヴな説明へと移行し、家族にとって

図 4——基礎となる認識論に関する家族とリフレクティング・チームの話し合い

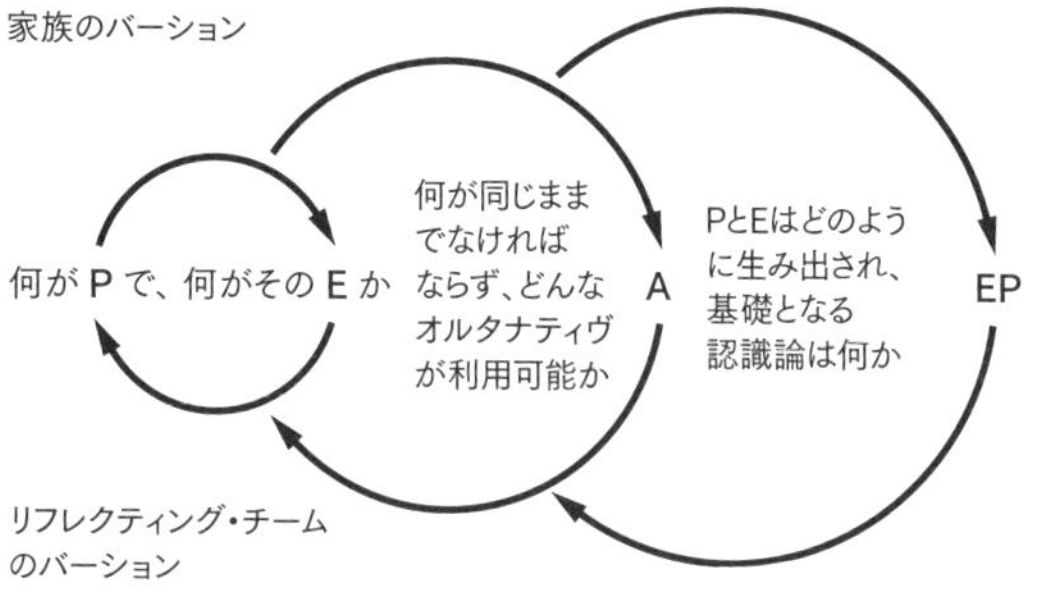

図 5——オルタナティヴな認識論とその結果として生じる問題の記述や説明への影響に関する家族とリフレクティング・チームの話し合い

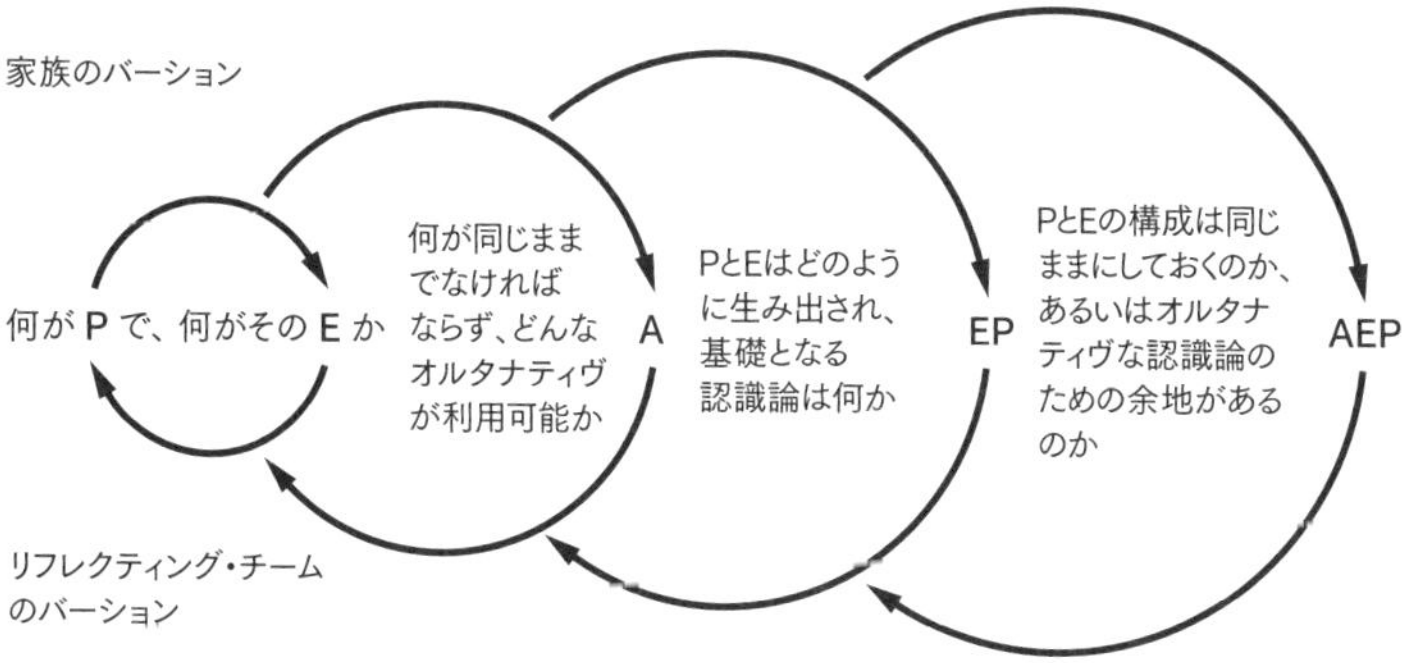

問題状況の意味づけをその全体の中で把握する可能性が増していくことを示している。この展開は時間をかけて生じる。チームは主に最初の二つの図の中で実践を行う。家族―チームシステムという大きな組織は、問題が解消したとき、彼らをひとつに結びつけていた接着剤を失う。この解消は通常、図4と図5で示された二つのプロセスにチームが取りかかる前に生じる。

チームがリフレクトしているとき、ワンウェイ・ミラーの反対側の面接者は、家族の反応を見守る。そうした反応はそれ自体、リフレクションが有効かどうか、それらがアイデアの生態学を広げるのに役に立っているかどうか、あるいは、それらが普通と異なりすぎて、家族がもともとのアイデアにさらに固執することになっていないかどうかということを示している。

チームのリフレクションが終わった後、明かりと音声が切り替えられ、面接者は家族に対して、チームの会話の中で家族が話したり、コメントしたり、あるいは訂正したいようなことが何かあったかどうか尋ねる。面接者もまた、チームの話を聞いていた中から一つか二つのアイデアを得ているだろう。それはさらなる話し合いのために共有されるかもしれない。膠着したシステムのメンバーは、リフレクティング・チームの推量に対して否定的な反応を表現しないことでチームを庇うことがしばしばあるため、次のような質問のうちの一つ、あるいは、いくつかを面接者が尋ねることが安全と思われる。

「話されたことでとても気に入ったことは何かありましたか」
「嫌なことは何かありましたか」

「特に興味のあることは何かありましたか」
「まるで興味のないことは何でしたか」
「あなた方の理解や経験に近いことは何かありましたか」
「あなた方の理解や経験と照らして、無理があることは何かありましたか」
「あなた方の意に沿わない、あるいは意に沿うことは何かありましたか」

こうして会話はリフレクションのための小休止によってもたらされた新たな場所から続けられる。面接者はチームのリフレクションのあいだ、一人かそれ以上の家族メンバーがチームから言われたことに否定的な反応を示し、しかも上記の質問に答える中でそれを表現しないことに気づくかもしれない。そのような場合、面接者は次のように言うかもしれない。「あれこれ言われたとき、人はそれを聞いたり考えたりしづらいかもしれないと私は思いました。よくはわからないのですが」。こうすることで、混乱した家族メンバーに自分の反応を示す機会を提供できるかもしれない。この種のフィードバックは、チームのリフレクションが家族にとって適切な範囲内に留まっていたのか、それを超えていたのかをリフレクティング・チームに伝える働きをする。

ワンウェイ・ミラーは面接中に一回から三回切り替えられるが、二回が通常である。しかし、どちらの側も望むなら最終的なコメントができることを覚えておくこと、そして、常に家族―面接者システムが最後に発言せねばならない、ということは特に重要である。

他の状況でのリフレクション

マイクとスピーカーを二組利用できない場合、チームと家族は部屋を交換する。しかしながら、二つのグループが廊下で互いに擦れ違う際、奇妙な感じがするかもしれない。明らかにこれは、各グループが自分たちの部屋に留まって明かりと音声を切り替えるときほど理想的ではない。ワンウェイ・ミラーが利用できないときは、チームが部屋の片隅に座って、そこからリフレクションしてもよい。

もし他の専門家、たとえば一般医（GP）が準備したコンサルテーションで、家族が部屋にいるのであれば、面接者は時々中断して、面接者が一般医と二人でアイデアを話し合いたいと家族に伝えることができる。その後、一般医と面接者は、このリフレクションを他の面接における会話ときちんと区別するため、お互いだけと話すよう注意しながらコメントを交換する。家族はそのリフレクションをメタ・ポジションから聞き、会話には参加しない。チームがたった一人しかいないとき、この人は部屋をしばらくのあいだ離れてもよい（数分、あるいは、数日か数週間になるかもしれないが）。戻ってきたとき、彼女（あるいは彼）は「皆さんから離れていたあいだに、皆さんと共有したいアイデアが生まれました」と言うだろう。それから推量的なリフレクションを行い、その後でこう述べる。

「価値のあるアイデアが何かありましたか。それらについて話したいですか」

注意

つねに肯定的な含みを持たせるべきで、決して否定的な含みは持たせないことを強調せねばならない。これはあらゆる規範的判断を排することを意味する。ワンウェイ・ミラー（観察するプロセス）は、「なぜ―彼らは―これや―あれを―したのか」という類の非難や論評を増幅しがちである。また、家族メンバーの行動についてのコメントは、家族が話して欲しいとは望んでいない敏感な部分をさらけ出させるかもしれないことも、リフレクティング・チームは心に留めておかねばならない。家族が迂闊で、ある意味自分たちの意図に反してそうしてしまうとき、チームは保護的な配慮を持って対応せねばならない。チームは肯定的で、慎重で、敬意を払い、敏感で、想像力豊かで、創造的に自由であり続けるべきである〔訳註3〕。

訳註3――のちに、アンデルセンはその主著のなかで、この部分の記述を改訂するのが望ましいとして、以下のように振りかえっている。「この記述は命令のように聞こえるし、あたかもチーム内の人物がそのようでなければばならない、つまり、その人格の一部としてこれらの特質を保持していなければならないようにも聞こえる。こんなふうに言い換えた方がよいように思う。『時と場合がゆるすなら、少し変わった質問や感想を述べてみることもできるかもしれない。十分に変わったものなら驚きをもたらすだろう。必ずしも素敵な驚きではなくても、十分な驚きであれば、人は別の場所へと動かされる可能性を与えられるし、その場所から彼らがそれまでに描いていた記述に何かを加えたり、取り去ったりできるかもしれない。右手が驚きをもたらす質問をするなら、左手は僕らの話したことへの相手の反応を受けとめ、それを感じられるように広げておくとよいだろう』」（Andersen, T. (ed.). (1991). *The Reflecting Team: Dialogues and dialogues about the dialogues*, p.67. Norton.）

二つの事例

父親のような男の子

日中は学校教師として働く母親は、彼女の八歳になる末の息子が五歳の妹を殴ったため、助言を求めていた。母親の頼みで父親も一緒に来室した。父親の目つきや握手の仕方からは、彼が面接に来るというアイデアを好んでいないことがうかがえた。「息子は、父親が家にいるあいだは行儀良くしているが、父親が海上にいると反抗的に振る舞い、手に負えない」と母親は述べた。父親は、「漁師でいるほかに生計を立てる道はない」と述べた。

母親は、自分だけが子どもたちと家にいるあいだ、自分がどれほど参っているのかを説明したが、その際、父親は頭を垂れ、肩を落としていたことにリフレクティング・チームは気づいた。「お父さんが出かけているとき、誰がいちばん寂しく感じていますか」と面接者が尋ねた。「全員です」と母親が答えた。「子どもたちは父親と一緒にいるのが大好きなんです。子どもたちは父親の遊び方が好きです。彼はとても強くて、子どもたちは高い高いが大好きなんです」。彼女が少し夫に寄りかかかると、彼はわずかに自分の頭を彼女からそらした。「お父さんがいないとき、お父さんと同じように物事を上手にできる方はいますか」「酔っ払いが私に失礼な振る舞いをしたとき、息子は私を守ってくれることさえあります」。母親は答えた。リフレクティング・チーム（A、B、Cのメンバーで構成されている）は、今のところ父親が満足していないことに気づき、自分たちのアイデアを共有してもよいか尋ねた。

C――私は、お子さんたちにとってのご両親の大切さに、すぐさま心を打たれました。そして、お父さんが海から家に帰ってくるのを、お子さんたちとお母さんが待っているイメージを忘れることができません。全員がお父さんの帰りを心待ちにしていて、たぶん、お父さんにとても憧れている様子の息子さんは特にそうなのでしょう。

A――彼はお父さんに憧れているだけでなく、お父さんがいないときには、代わりを務めたがっているように思えます。

B――あなた方二人の話を聞いて興味深く感じました。というのは、私はお母さんが示された問題に留まっていたためです。その問題は確かに彼女を悩ませていました。

C――私はなにより息子さんのお父さんに対する憧れを見ました。大変な敬愛です。

夫婦は音を立てず、身動きもせず、熱心に見ていた。家族面接が続くにつれて、父親は姿勢を正し、より多く話し始めた。面接者は父親とともに、子どもたちが彼と一緒に何をするのがいちばん好きかを話し合った。このことが二人の息子の間のけんかの話題へとつながった。それはどのように説明できるだろうか。不幸な出来事か、誤解か、エネルギーが有り余っているのか、それとも――。リフレクティング・チームが再度アイデアの共有を申し出て、面接者と家族はそれに同意した。

B――もしかすると息子さんは、お父さんの代わりを務める仕事をあまりに真剣にやろうとしているのかもしれません。もしかすると息子さんは、妹さんの養育を自分が担当すべきだと考えているのかもしれません。もしかすると息子さんは、妹さんが自分と同じくらい反抗的で、彼女をしつけるために腕力が必要だと考えているのかもしれません。

A――最初に援助を求めたお母さんが、もしまだ援助を求めているのなら、お父さんといちばん上のお兄さんは、お父さんがいないときにその息子さんが何をしたらよいか、そして何に気をつけたらよいかについて、真剣に話し合うべきかもしれません。八歳の小さなお父さんには監督が必要です。

ワンウェイ・ミラーが切り換えられた際の家族のいる部屋の静けさは、夫婦、特に父親が安堵しつつも、言いたいことがないことを示していた。彼らの振る舞いは、夫婦が話すのでなく、考えたがっていることを面接者に伝えていた。父親が目を潤ませ、温かく固い握手をしたことで、われわれは彼がもはや疎外感を感じていないと考えた。

次の面接の際、母親は一人でやって来て、父親はチームとの面接で役立つことが何も見いだせなかったと話した。はじめ、チームメンバーは彼が姿を見せなかったことに驚いたが、前回の面接を綿密に調べたところ、もっともな説明に気づいた。先のリフレクションの間、父親が参加を望んでいるのか否かを確認せずに、チームは彼が参加を望んでいるものと思い込んでいたのである。家族にあらゆる話し合いを利用できるようにしたからといって、必ずしも以前の戦略的なやり方が簡単に消失するわけではない、ということをリフレクティング・チームは実感した。彼らが代わりにできたであろうことは、別のやり方でリフレクトすることであった。この面接に来るというアイデアを最も気に入っていたのは誰か。もし両親が面接することを同等に好んでいなかったなら、別のやり方ができただろうか。たとえば、両親の一方が来てチームと意見交換し、その後、帰宅してからそれらのアイデアをもう一方とともに吟味してみることはできただろうか。

心がまだ把握していない何かを身体は理解している

ある夫婦は、妻が過去四年間増大する疲労感と、嚥下困難の悪化を訴えて、支援を求めてきた。医学的検査では身体上の問題は何も見つからず、問題を別の側面から検討すべきとの助言をこの女性は受け入れていた。彼女は食べたいときにはベッドに横にならなければならないと伝えた。彼女はこの奇妙な行動を恥ずかしく思い、家族との食卓につくことができずにいたため、彼女の夫と二人の子ども（四歳と一歳半）は彼女抜きで食事をしていた。食卓に同席できないことについて、彼女よりも夫の方が寂しく思っていた。彼女は「私はそれに慣れすぎてしまって、彼と同席するのがどういうものだったかまったく思い出せません」と述べた。彼女は自身の状態について率直に話した。彼女の夫は、彼女の話にコメントするとき、短い咳の発作を起こした。それは彼がこの状況をどれだけ悪いものと感じているのかをチームに示唆していた。

チームは四年前、ほぼ同時に三つのできごとが起こったことを知った。（a）夫婦に最初の子どもが生まれた（結婚して一年後）、（b）彼女の症状が始まった、（c）彼女の9歳上の兄が母親の望みに反してついに家を出た（母親は長年、息子が家を出て行くのを阻止してきた）。母親は自分の娘である彼女に、兄を連れ戻す手助けをして欲しいと懇願した。この懇願は無駄であったが、妻の最年長の子ども（前の結婚でできた九歳の少年）が頻繁に祖母を訪問し始めた。夫は時折、この少年が彼の伯父（妻の兄）の代わりになったのだと考えた。祖母は、自分の息子が長年そうしてきたのと同じように、この少年が優しく友好的な話し相手であることに気づいた。これは、祖母が自身の夫とほとんど話が合わず、互いに会話するのも難しかったことの埋め合わせとなっていた。

少年が祖母の家を訪れることを母親は良く思ってはいなかった。特に彼が帰宅して自分の母親を「おばあちゃん」、自分の祖母を「お母さん」と呼び始めたときにはなおさらだった。彼が祖母の家に泊まりたいと望むことが増え、母親の頭痛の種は減らなかった。少年が母親と継父と一緒にいるとき、母親がコントロールできないような形で少年は振る舞い、継父は「平和の番人」にならざるを得なかった。継父が少年を扱うやり方は母親を混乱させ、彼女は夫の怒りに介入しようとした。こうした一連のことは夫婦を疎遠にしたが、母親と息子の距離を近づけた。二人のメンバーから構成されたリフレクティング・チームは、次のようなアイデアを共有した。

A――二つの問題領域がわかりました。一つめは、疲労感や嚥下に関するお母さんの困難です。二つめは、まだはっきりしていないのですが、九歳の息子さんがどのくらいおばあさんのところにいて、どのくらいお母さんのところにいるべきなのかという課題です。

B――私の考えも、二つの問題の周りを巡っています。これらの二つの領域は、完全に分かれているのでしょうか、いくらかつながっているのでしょうか。時折、身体は賢明さに満ち、心が十分には理解していない状況についても、明確に身体自身で表現します。もしかすると、このような身体の働きは、準備できていない状況に関わることに対して、身体が「われわれの患者」に警告しているのかもしれません。もし二つの領域に関係がないなら、もう一方の領域に何も残らないほど多大なエネルギーを占めることで、一方の問題領域が別の領域に間接的に影響しているのかしら。

A――あなたのアイデアについて、私がさらに詳しく述べるとしたら、息子さんがお母さんか、あるいは、おばあさんかのどちらかに近づく何らかの動きが、お母さんの緊張を和らげるのかもしれないな、と思います。もしそのような何らかの動きがうまくいったなら、御夫婦どちらにとって、一層好ましいのでしょうか。実は、私はお二人の人生に対するこうした変化の影響について気になっているんです。最近の四年間、実際、共に過ごした五年間のうち四年間も苦労してきたこの問題によって、お二人は離れればなれにさせられて、夫婦関係を発展させる機会を与えられなかった。「われわれの患者」のお兄さんが結局家を出て行ったとき、おばあさんとおじいさんが不慣れで準備ができていない状況にいたのと同じように、お二人も気がつくとそんな状況にいたのかもしれません。

B――最も適切なことが何かはわかりませんが、もしお母さんとおばあさんの間の息子さんの行き来を管理しようとすることに関する問題が存在するのなら、お二人がおばあさんと息子さんを会話に含めることは賢明だと思います。

母親と祖母の間を少年が行き来していることについてリフレクティング・チームが推量して述べているとき、妻が「そう、そのとおり」と熱心にコメントしていたことに面接者は気がついた。明かりと音声が切り替えられた後、夫婦は先ほどよりもずっと穏やかでリラックスしているようだった。特に夫は、より自由に呼吸をしているように見えた。妻がコメントを始めるまでに長い間があった。コメントを始めると、彼女は「夫と私がお互いのためにより多くの時間を費やせていたなら、私たちは何をしただろうかと考えてショックでした」と述べた。夫としては、母親と祖母の関係における継息子の立場を話し合うため、次回、彼の義母と継息子と一緒に面接するというアイデアを気に入っていた。

リフレクティング・チームの効果

この種のチームのあり方と、その他の家族療法の戦略的志向チームの間には、数多くの差異がある。われわれは面接を中断し、おかしな冗談を言ったり、けなすような発言をすることで、面接している家族に関する緊張や個人的感情を打ち明けて気を楽にするような真似をもはやしない。われわれの実践する新しいやり方によって、自分たちは家族メンバーと対等なプロセスへの参加者だと感じられるようになった。自分たちが治療プロセスをコントロールできるとも、すべきとも感じなくなり、われわれは単にそのプロセスの一部であるということを受け入れている。そしてまた、家族がこう話すのを聞くのも良い気分である。「ワンウェイ・ミラーの背後のあなた方が私たちについて何を考えているのか気になっていたけれど、もうわかります」

もしわれわれが訓練生を受け持っているなら、訓練生はトレーニングの最初からリフレクティング・チームに参加する。彼らはどのくらい参加したいかを自分で決めることができる。たいてい、彼らは最初はほとんど推量できないが、すぐにより多くのアイデアを共有し始める。

新しいことは何もない

読者は、この論文で提示された実践がミラノ派のアプローチの影響を強く受けていることに気がついただろう。しかし、このモデルをわれわれのアイデアになじませる中で、われわれは多くの小さな変更をおこなってきた。一つには、われわれは事前にあらゆる仮説を立てることなく人々と面接することを選択した。仮説は、家族が今、関心を持っている枠組みからよりも、われわれが関心を持っている枠組みから家族を見るようわれわれに影響を及ぼしてしまうだろう。

また、家族メンバーは、自分たち自身で描き、説明したことよりも、われわれの介入の方がより良いものであると容易に信じがちであるため、われわれは介入を慎重に避けるようになった。自分たちとは相容れない説明を好まない人々にとって、介入は彼ら自身の「行き詰まった」構えを強化することさえあるかもしれない。

読者はまた、リフレクティング・チームが、パップの論文「グリーク・コーラス」(Papp, 1980)で示されたアイデア〔訳註4〕をさらに発展させ、パップ、オルガ・シルバースタイン、スタンリー・シーガルによって開発された「戦略的ディベート」(Sheinberg, 1985)〔訳註5〕と類似性を有していることに気づくかもしれない。しかし、「ディベート」とわれわれのリフレクティング・チームとの間にはいくつかの違いがある。われわれが強調しようとしていることは、膠着したシステムにいるすべての人があれかこれかのどちらかの観点から考え過ぎていて、正しい理解や正しい行為が何であるのかを示す権利を巡って争いがちだということである。リフレクティング・チームは、あれもこれもやあれでもなくこれでもないという考え方を示そうとしている。それは、そうした構えを取るリフレクティング・チームのメンバーたちを有することによって、また、自分たちチームメンバーが話すことは、各々が看取した問題の解釈のみに基づいている、ということを彼らが強調することによってなされる。こうして、チームのメンバーたちは、問題には多くの様相があり、多面的であるという考え方を伝えている。リフレクティング・チームをながめる者は、家族に限らず誰であれ、同じ問題について多様な視点を共有することに込められた豊かさを見いだすことができるだろう、とわれわれは信じている。あるバージョンが別のバージョンを豊かにするよう促し、それがはじめのバージョンのもとへと折り返され、それが――。

訳註4――グリーク・コーラス（The Greek chorus）は、アッカーマン研究所のペギー・パップがブリーフ・セラピー・プロジェクトのなかで開発した技法。劇の進行を助けた古代ギリシャ劇における合唱隊コロスのように、ワンウェイ・ミラーの背後に位置するコンサルテーション・グループが、家族とセラピストとのやり取りについてコメントし、家族システムの変化に示唆を与える。一般的な手順としては、セラピストがセッション終了間近の時点でコンサルテーション・グループのいる別室に行き、そこで得た伝言を持ち帰り、家族に読み聞かせる。さらに、この伝言のコピーは、好きなときに読み返せるように家族メンバー全員に郵送される。

訳註5――戦略的ディベートは、グリーク・コーラスと同じくアッカーマン研究所のブリーフ・セラピー・プロジェクトのなかで開発された技法である。基本形として、三名のセラピストが家族と同じ部屋でセッションに参加する。最初のセッションで、セラピストらは家族にインタビューを行い、一定の仮説を立てるための情報を収集する。いったん仮説が明確になると、個々のセラピストは、事前に打ち合わせられた別々の立場から家族の変化の方向について異なる主張を行い、家族の前で議論する。ここでのセラピスト間の議論は、家族システムが抱えるジレンマを家族らに対して明確化する狙いがある。当然、こうしたセラピスト間の対立は、家族らがそれに向き合うことを通して、当該家族における基本的前提の修正を導くことを企図した戦略的なものであり、リフレクティング・チームとは、そのスタンスが全く異なっている。

文 献

Bateson, G.(1972). *Steps to an ecology of mind.* New York: Ballantine Books.（佐藤良明＝訳（2000）『精神の生態学［改訂第2版］』新思索社）

Bateson, G.(1978). The birth of a matrix or double bind and epistemology. In M. M. Berger(ed.). *Beyond the double bind: Communication and family systems, theories, and techniques with schizophrenics.* New York: Brunner/Mazel.

Bateson, G.(1979). *Mind and nature: A necessary unity.* New York: Bantam Books.（佐藤良明＝訳（2001）『精神と自然［改訂版］』新思索社）

Blount, A.(1985). Toward a "systematically" organized mental health center. In D. Campbell & R. Draper (eds.). *Applications of systemic therapy.* London: Grune & Stratton.

Bogdan, J. L. (1984). Family organization as an ecology of ideas: An alternative of the reification of family systems. *Family Process*, 23, 375-388.

Efran, J. & Lukens, M. D.(1985). The world according to Humberto Maturana. *The Family Therapy Networker*, 9 (3), 22-28.

Koestler, A.(1975). *The act of creation.* London: Picador.（大久保直幹ほか＝訳（1966/1967）『創造活動の理論（上・下）』ラティス）

Maturana, H. R.(1978). The biology of language: The epistemology of reality. In G. Miller & E. Lenneberg (eds.), *Psychology and biology of language and thought.* New York: Academic Press.

Maturana, H. R. (July 1-5, 1985) Lectures at Oxford conversations, unpublished.

Papp, P. (1980). The Greek chorus and other techniques of paradoxical therapy. *Family Process*, 19, 45-57.

Penn, P. (1982). Circular questioning. *Family Process*, 21, 267-280.

Penn, P. (1985). Feed-forward: Future questions, future maps. *Family Process*, 24, 299-310.

Selvini-Palazzoli, M., Boscolo, L., Cecchin, G. & Prata, G. (1980). Hypothesizing-circularity-neutrality: Three guidelines for the conductor of the session. *Family Process*, 19, 3-12.

Sheinberg, M. (1985). The debate: A strategic technique.

Family Process, 24, 259-271.
Simon, R. (1985). Structure is destiny: An interview with Humberto Maturana. *The Family Therapy Networker*, 9(3), 32-45.
Watzlawick, P., Weakland, J. H. & Fisch, R. (1974). *Change: Principles of problem formation and problem resolution*. New York: W.W. Norton.（長谷川啓三＝訳（1992）『変化の原理——問題の形成と解決』法政大学出版局）

第三章

その間のこと

リフレクティング・チームから
リフレクティング・プロセスへ

オープンダイアローグの治療ミーティングが行われるケロプダス病院の一室

―― 一九八八年三月、五人のフィンランド人がやって来た。
ヤーコ・セイクラとその同僚たちは、早朝、北フィンランドのトルニオを発ち、
冬の嵐のなか八時間も車を走らせて、ちょうど正午にトロムソに到着した。
彼らは「リフレクティング・チーム」と呼ばれる何かが北ノルウェーで生じていると聞き、
それについて知りたがっていた。

刑事施設でのリフレクティング実践が初めて行われたカルマル刑務所

――受刑者への厳格な対応を主張する一部の刑務官から
「囚人と職員のどちらの味方か」と問われたワグナーは、
「私はそこに橋を架ける者だ」と答えた。

＊

いわゆるリフレクティング・トークについて、ちょっとしたことを何点か！　僕は、リフレクティング・チームという言葉はなくなればいいと思っているんだ。リフレクティング・トークといっても多種多様だ。

(Malinen, Cooper, Thomas eds., 2012=2015: 157)

僕はいつも、もっと大きな文脈を探している。より広い意味で人々に影響を与えることに関心があって……、僕の仕事はポリティカルなんだ《註8》。

(Anderson, 2007: 412)

本章では、前章に訳出した「リフレクティング・チーム」論文以降、次章に訳出する「リフレクティング・トーク」論文までの約二〇年にわたるアンデルセンの会話をめぐる思索と実践の歩みをたどっていく。アンデルセンにおいては、つねに実践が先にあった。そう、いつも実践が先にあったということ自体、その歩みのなかで、事後的に気づかれるような、そうした歩みだ。おのずと理路整然や首

《註8》アンデルセンは、自身の仕事をポリティカルなものと捉えていた。一九九四年、イギリスでなされたインタビューの中で、世界における正義と不正に言及するなかでこう述べる。「セラピーは社会がとても抑圧的になっている傾向に沿うものだと、僕は強く思っている。だから、セラピーを論じたり、その一部であるということは、とてもポリティカルなんだ」(Andersen, 1994: 16)。また、二〇〇四年にフィンランドで開催されたシンポジウムの場では、自身のセラピーを平和活動（peace work）と位置づけている（Malinen, Cooper, Thomas eds., 2012=2015)。

尾一貫からは、遠いところにあるだろう。本章も、できる限りその歩みに沿って進められればと思う。

第一節では、アンデルセンがどのような人々とどのように出会い、また、どのような場所でどのようなことに取り組んでいったのか、可能な範囲でながめていく。アンデルセン自身の記述では必ずしも多くが語られていないが、それらひとつひとつの出会いと、そうした出会いの生じたそれぞれの場所は、彼の会話哲学を深化させるうえで不可欠のものであったと思われる。また、第二節以降では、アンデルセンがその間に著した文章のいくつかを刊行順にながめつつ、その会話哲学の深まりと彷徨、そこでなお変わらぬ構えをなぞっていく。無論、体系的レビューを企図したものではない。むしろ、断片や細部に目を留め、そこに見え、聞こえてくることを真率に受けとめたい。

それはキノコ狩りのような歩みだ。アンデルセンの歩んだ小道のすべてをたどることはかなわないが、アンデルセンの足跡から感じ取れるリズムやペース、身ごなし、息づかいに耳を澄ませたい。国境を越え、家族療法という枠を大きく超えたその歩みのあいだに、アンデルセンがいかなる内的会話と外的会話を折り重ねたのか、読者とともにその一端を垣間見ることができればと思う。

第一節　その間の出会い

第一項　グーリシャンの示唆

アンデルセンの臨床家としての人生に最も大きな影響を与えた出会いのひとつがハリー・グーリシャンとのそれであったことについては、第一章でも触れた。一方、アンデルセンがグーリシャンらに与えた影響も、やはり大きなものだった。一九八八年、『ファミリー・プロセス』誌に掲載されたナラティヴ、コラボレイティヴというセラピーが向かうべき新たな方向性を提示した記念碑的論文のなかで、グーリシャンはアンダーソンとともに次のようにリフレクティング・チームに言及している。前章に訳出したリフレクティング・チーム論文が同誌に発表されたのがその前年であったことを考えると、その理解の実に的確であることに感心させられる。それほどの理論的・実践的交流と共鳴がそこにはあったということだろう。

会話の公開性を高め、新しい見方を共有しようとするリフレクティング・チームでは、考えやアイデアの変遷と発展に焦点が当てられる。そこでは、診断を確定したり仮説を立てる必要はない。（中略）リフレクティング・チームとクライエントたち双方がお互いの考えを発展させることで、新しい見解を手にする。それは、会話の世界に身を置くということ。つまり、進んで協力しあうことで、これまでと異なる表現や捉え方や違うストーリー展開に立ち会うことである。このようにオープンな対話に満ちたチームでは、診断を巡る是非についての議論や競争原理や権威の行使など、かろやかに避けて通ることができる。このチームは、問題の意味が修正されシフトしていく過程（つまりセラピー）を、活発な共同作業の場へと変えていく。

（Anderson & Goolishian, 1988=2013: 89）

そう。そこでは、問題を新たに意味づけるための機会が涵養され、セラピーは映し、移し、写し合うようなコラボレイティヴな会話のプロセスとなる《註9》。

一方、世界中の注目を集めることになったリフレクティング・チームについて、アンデルセンは当初からその広がり方に関する危惧を抱いていた。「まもなく、僕はそのやり方が人々を惹きつけるだろうとわかった。同時に、それがカテゴリー化され、指示的・抑圧的なものになって誤用されてしまうかもしれないとも思った」(Andersen & Jensen, 2007: 167)。そして、そうした誤用は実際に生じていた（それは現在も日本国内を含む世界各地で生じているように見える）。

そうしたアンデルセンの懸念をいち早く見抜いたのもまた、グーリシャンであった。アンダーソンやホフマンによれば、グーリシャンは生前、アンデルセンに、このアイデアを特定の形式に結びつけ、制約してしまう感じのする「リフレクティング・チーム」から、より広範な応用可能性を有するプロセスとしての「リフレクティング・プロセス」へと拡張することについて示唆していたという(Andersen & Jensen, 2007: 7, Anderson, 2007: 413)。

次節以降に見る通り、一九八九年の時点で、すでにアンデルセンは、「リフレクティング・チーム」という言葉の使用を最小限にしたいと述べており、グーリシャンが亡くなった翌年、一九九二年には「リフレクティング・プロセス」という言葉を明確に用いるようになる。それは自然な、そして、決定的な変化であり、アンデルセンが体現してゆくことになるリフレクティングの多様性と多層性にふさわしい選択だったといえるだろう。

第二項　セイクラとのオープンダイアローグの国際的展開

近年、国内でも関心が高まっているフィンランド西ラップランドで生まれた精神医療・精神保健福祉システム、オープンダイアローグにおいても、リフレクティングがその中核的方法として用いられていることはよく知られている《註10》。しかし、それがたんにオープンダイアローグのミーティング場面に新奇な会話技法として導入されたものと受けとめられてしまうなら、そこで多くのことが見落とされることになる。

オープンダイアローグの主唱者ヤーコ・セイクラとアンデルセンの最初の出会いは、次のようなものだ。「一九八八年三月、五人のフィンランド人がやって来た。ヤーコ・セイクラとその同僚たちは、早朝、北フィンランドのトルニオを発ち、冬の嵐のなか八時間も車を走らせて、ちょうど正午にトロムソに到着した。彼らは『リフレクティング・チーム』と呼ばれる何かが北ノルウェーで生じていると聞き、それについて知りたがっていた。とても興味深いことに、彼ら自身も語るべき多くのことを有していた」(Andersen, 2006: 182)《註11》。

ケロプダス病院を含むフィンランド各地の六施設が参加したＡＰＩ(Integrated Treatment of Acute

《註9》「うつし」としてのリフレクティングについては、矢原（2016）を参照。
《註10》オープンダイアローグについては、Seikkula & Arnkil（2006=2016）を参照。
《註11》この日付について、アンデルセンを訪ねた五人のうちの一人であったケロプダス病院の元病院長ビルギッタ・アラカレは、「とても寒い時期だったから、三月じゃなくて二月に間違いないわ」（二〇一九年九月トルニオでの筆者との会話より）と話してくれた。

Psychosis）プロジェクトの開始が一九九二年、それを踏まえ、西ラップランド地域のプロジェクトとして継続されたODAP（Open Dialogues Approach in Acute Psychosis）が始まったのが一九九四年である。しかし、すでに一九八〇年代半ばからケロプダス病院のスタッフたちの模索は始まっていたようだ。彼らが初めてアンデルセンのもとを訪ねたのは、まさにその頃のことである。無論、まだオープンダイアローグという言葉も、その七原則も生まれる前の話だ。

このとき、アンデルセンは彼らの姿に何を見ただろうか。トロムソの地域精神医療における一九七〇年代の実践とその挫折の経験（第一章第二節を参照）は、アンデルセンのなかに痛みの感覚とともに生涯刻まれていた。トルニオを舞台に精神科ケアの変革に取り組み始めていたケロプダス病院のスタッフたちの姿は、かつての自分たちの姿に重なったのかもしれない。アンデルセンはすぐに彼らとの絆を感じ、それ以来、トルニオ―トロムソ間の八時間の道程を互いに行き来するようになる。

ケロプダス病院のスタッフたちは、アンデルセンからたんにリフレクティング・チームという会話形式を吸収したわけではない。アンデルセンと彼らの協働は、はるかに幅広く、深いものだ。二〇一四年、筆者がケロプダス病院を訪ねた際、トリートメント・ミーティングへの同席を許してくれた心理士リーダーのタピオ・サロは、「トム・アンデルセンは僕のメンターだ」と話してくれた。また、筆者が訪問した他の北欧の国々では、アンデルセンから直接リフレクティングを学んだという人々が、各地でオープンダイアローグを導入する牽引役となっていた。

オープンダイアローグ・アプローチを世界に知らしめることになったセイクラとマリー・オルソンによる論文には、次のように述べられている。「セイクラは、ノルウェーの精神科医トム・アンデルセンとともに、ロシア、ラトヴィア、リトアニア、エストニア、スウェーデン、フィンランド、ノルウェーにおける急性期医療の場面でオープンダイアローグとリフレクティング・プロセスを用いるチームの国際的ネットワークを育て、このアプローチは、北欧において幅広く認められた」(Seikkula & Olson, 2003: 403-404)

アンデルセンは、当時まだ無名であったセイクラたちとともに国境を越えて飛び回り、精神科ケアの変革に取り組む国際的ネットワークを育てたのだった。果たしてアンデルセンの想いは那辺にあったのだろうか《註12》。「一九九六年のことだ。ヤーコ・セイクラと彼の同僚たちはフィンランドでの実践を進めていた。けれど、彼らのしていたことは他のどこにも知られていなかった。だから、もし彼らがやめてしまったり、ヤーコに何かあったら、全てが崩れ去ってしまうだろうと思われた。それで僕は、もう少し拠り所を確保しないといけないと考えたんだ。今では八つの異なる国々に三五のプロジェクト、三五の拠り所がある」(Anderson & Jensen, 2007: 171)

アンデルセンがセイクラらとともに育てたこのネットワークは、現在も毎年、国際会議《註13》を開き、世界各地で精神科ケアの変革に挑戦し続ける人々(さまざまな専門職や当事者を含む)の大切な拠り所となっている。精神医療の国際会議と聞いてイメージされるものとはずいぶん異なり、製薬企業の協賛も何もない、すべて手作りの自主的な集まりだ。二〇一七年、トロムソで開催されたこの会議は、

《註12》アンデルセン自身の言葉でその想いの一端が語られている貴重なインタビュー映像の記録として、Videncenter for Socialpsykiatri(2007=2017)を参照。

《註13》会議の名称は、「精神病治療のための国際会議」(International Meeting for the Treatment of Psychosis)

アンデルセンが亡くなって一〇年目のメモリアルでもあった。プレセミナーに参加した筆者に手渡されたのは、彼が晩年よく描いていた「会話する二人」の絵《註14》がプリントされたTシャツ。世界各地からの参加者がそれを着て笑顔で会話する様子は、とても温かいものだった。

アンデルセンは、自分が携わってきたネットワークについて、こう振りかえっている。「ネットワークは出会いの場だ。そこでは物事が自ずと生じる。僕は実際的なことを担うのが大切だった。会議の時間に気を配ったり、食事や宿泊や旅行の手配をしたり。そして、外から良い人たちを招いた。それは指示的でなくて、自分たちの実践について述べることができて、ヒューマニスティックな人たちだ。それで、僕はきっと人々がお互いに出会えるように、彼らが出会うべき面白いことに出会えるようにしたんだ。そう。僕らは人々が出会えるような面白い何かを見つけなきゃいけない。それに、それが心地良く、愉快にできるように」(Anderson & Jensen, 2007: 170)

家族療法の歴史の証人であるホフマンは、セイクラとトム・アーンキルによる最初の主著に寄せた序文でこう述べている。「私見では、この二つのやり方（筆者註／オープンダイアローグと未来語りのダイアローグ）は、トム・アンデルセンのリフレクティング・プロセスと、より巨視的には、『ノーザン・ネットワーク』という彼のヴィジョンの一部にその多くを負っている」(Seikkula & Arnkil, 2006=2016: vi)。さすがの卓見だが、筆者は同時にこう思う。アンデルセンにおけるリフレクティング・プロセスと、彼が仲間たちとともに生み出した「ノーザン・ネットワーク」は、きっと別々のことではない。彼にとって、リフレクティング・プロセスとは、そこで国際的ネットワークのつながりと広がりをも育んでいくような広大なパースペクティヴにおいて理解されるべきプロセスだったのだ《註15》。

第三項　ワグナーとの刑務所実践

ユーディット・ワグナーとともに取り組まれたスウェーデンのカルマル刑務所におけるリフレクティング・プロセスは、アンデルセンの会話実践が家族療法や精神医療の枠を大きく超え出るポリティカルなものであったことをわれわれに教えてくれる。日本では、まだほとんど知られていないこの取り組みについて、二〇一六年の夏、筆者は幸運なことにワグナー自身から詳しく話を聞くことができた。彼女は、すでに引退し、日当たりのよい部屋で穏やかな色づかいの絵を描きながら暮らしている。

かつて北欧三国で結ばれたカルマル同盟の舞台としても知られる美しい町のほぼ中心部にその刑務所は位置している。プロジェクトが始まったのは一九九一年。ワグナーがセラピストとしてこの刑務所での仕事に就いてすぐのことだ。ちょうどその直前にストックホルムで開かれた二年間のトレーニング・コースを通して、アンデルセンからリフレクティングを学ぶ機会を得ていた彼女は、受刑者とどのように話し、関わればよいのか悩む職員たちにスーパーヴィジョンを期待され、職員との間でリフレクティング・トークを試みる。この試みはすぐに受刑者を交えた三者（受刑者、職員、セラピスト）間のリフレクティング・トークへと発展したという。

ここで注目すべきは、刑務所におけるリフレクティングの始まりが決して入所者向けの更生プログ

《註14》第四章の論文中（一五一頁）にも、この絵が紹介されている。

《註15》リフレクティング・プロセスのパースペクティヴから見たオープンダイアローグの展開については、矢原（2017b）を参照。

ラムではなく、刑務官ら職員をサポートするための取り組みであったということだ。彼女は、その当初の目的について、「刑務官が入所者との会話をうまくできるように、また、その機会を最大限に生かすことができるように手助けすること」であったと述べている。つまり、刑務所という場で生じている人々の関係の変化が、そこで企図されたことといえるだろう。

この三者による会話（ワグナーはこれをトライアローグと名づけた）を実質あるものとするために、「何について話すか」「どの職員を会話に招くか」は、受刑者自身が決められることにした。こうした選択の自由は、北欧とはいえ、刑務所内の受刑者の立場にとって稀なものであるが、だからこそ「自分が誰と話したいか」「どんな人を自分は信頼できるのか」「自分はその人と何を話したいのか」といった内的会話を推し進める大切な機会となる。無論、リフレクティング・トークへの参加は、受刑者も職員も自由である。

こうした取り組みに、当初、刑務所内外で賛否の声が上がった。管理統制が重視される刑務所内において「管理する者／管理される者」という既存の社会関係にまったく新しい風を通す取り組みであるのだから、抵抗が生じたのも当然だろう。受刑者への厳格な対応を主張する一部の刑務官から「囚人と職員のどちらの味方か」と問われたワグナーは、「私はそこに橋を架ける者だ」と答えたという。また、KVS（法務省所管の刑務所・保護観察庁）からも、このカルマル刑務所独自の取り組みについて、詳細な内容説明が要請された。当時、まだ経験の浅いセラピストであったワグナーが、内からの圧力にも、外からの圧力にもさらされたわけだ。

一九九一年のプロジェクト開始以来、ワグナーを支援し、継続的にカルマル刑務所を訪れていたアンデルセンは、職員への研修、KVSへの粘り強い説明、刑務所出所者を招いてのフィードバック・ミーティングなどにも協力した。トロムソにおけるアンデルセンの盟友ゲオルグ・ホイヤーもこれに同道した《註16》。彼らの協力もあり、ついにKVSはこの実践の継続を許可するに至る。やがて刑務所内での理解も進み、リフレクティング・トークはカルマル刑務所における活動の中核に位置づけられるようになる。最終的には受刑者の半数と職員の半数ほどがリフレクティング・トークに参加するようになった。

ワグナーの自宅で、こうした話に耳を傾けていた午後、「ひとつ話したいことがあるの」と、彼女が披露してくれたエピソードがある。当時、アンデルセンがカルマルを訪れると、ときには外で、ときにはワグナーの自宅で仲間たちと夕食のひとときを過ごした。「このテーブルだった」と、彼女はその場面を目に浮かべた。「人生のなかでどんなことが大切だろう」。夕食後、そんな話題になったとき、ホイヤーは「自然のなかでの体験かな」と答えた。アンデルセンは何も言わず、「ユーディットはどう思う?」と尋ねた。「向かい風に向かうとき、私を後ろで支えてくれる人がいること」と答えた彼女に、アンデルセンは「じゃあ、僕がその一人になろう」と言ったという。「そのとき私は信じ

《註16》ゲオルグ・ホイヤーは、アンデルセンと同じトロムソ大学の地域医療の教授。二人は、さまざまな活動において協働した。よく一緒にいた二人のことを当時放映されていたアメリカのアニメーション「トムとジェリー」をもじって「トムとゲオルグ」と呼ぶ人たちもいたという。また、ホイヤーのように継続的にではなかったが、「書く」ことを通したリフレクティングで知られるアッカーマン家族療法研究所のペギー・ペンも、アンデルセンとともにカルマル刑務所を訪ね、継続的にワグナーとの交流を深めている。

ていなかったけれど、実際のところ彼はそうしたの」。一九九〇年代後半から、ワグナーはアンデルセンとともに、デンマーク、ノルウェー、ドイツといった国外の刑務所関係者にもカルマルでのリフレクティング・トークを紹介する活動に取り組んだ。

ワグナーが「悔やまれる」と筆者に語った通り、アンデルセン亡き後、この取り組みがスウェーデン国内で広がることはなかった。ワグナーが引退し、カルマル刑務所自体も統廃合によって閉鎖された今、スウェーデン国内の刑務所にリフレクティング実践の展開を見ることはできない。しかし、デンマークのコペンハーゲンでは二〇〇三年から、ノルウェーのトロンハイムでは二〇〇四年から、ワグナーやアンデルセンから学んだ刑務所職員たちの手により、いくつかの刑務所にリフレクティングが導入され、その取り組みは、現在も着実に進展している《註17》。上層部からのトップダウンの計画による一律の機械的普及とは異なる、土地々々を潤す水脈のようなこの広がりこそリフレクティング・プロセスにふさわしいだろう。

刑務所という厳しく管理された環境に、こうした伸びやかな会話の場を生じさせることは、アンデルセンの言葉を借りるなら、まさにポリティカルな実践である。入所者と刑務官ら職員を交えたリフレクティング・トークの影響は、当然、入所者のみに及ぼされるものではない。変化は刑務官、心理士といった職員の側にも、そして、互いの関係のあり方にも着実に生じていく。二〇一六年、コペンハーゲンの刑務所で出会った三〇年来の入所者ハンシアンは、筆者にこう話してくれた。「この会話を通して、自分も、刑務官も、心理士も、皆が人間になったんだ」《註18》。その言葉に心理士も刑務官も深く頷く様子は、その場にいる皆が、互いに人間としてそこにいることをたしかに表現しているように感じられた。

第四項　南米におけるネットワーク生成

アンデルセンが南米への訪問を始めたのは一九九三年。以来、毎年一〇月にやってきて、アルゼンチン、ブラジル、コロンビア、チリ、メキシコ、パラグアイ、ペルーといった国々を訪ね、多くの人たちと親密な関係を築いた。北欧とは大きく異なった社会背景をもつ南米の国々で、さまざまな社会問題、不平等の現実を目の当たりにしたことは、社会正義と人権に強い関心を持つアンデルセンの思索と実践に大きな影響を及ぼしただろう。

二〇〇三年、彼がパラグアイのアスンシオンで精神病院を訪ねたときのことだ。患者たちは裸足で、服を着ていない者もおり、きわめて非人間的な状況に置かれていた。過剰収容の施設には患者の叫び声が響き、「百年前に戻ったようだった」(Anderson & Jensen, 2007: 171) とアンデルセンは感じたという。同行した精神病院の医長は、その状況に我慢できず外で待っていた。鉄格子の向こうに立つ小柄でやせた女性が「助けて！　家に帰して！　ここには大勢私を殺そうとしている人がいる！」と叫ん

《註17》デンマーク、ノルウェーの刑務所におけるリフレクティング・トークの展開については、矢原 (2017a) を参照。

《註18》筆者が二〇一六年に会った際、ハンシアンは刑務所内でのリフレクティング・トークに参加して四年ほど経っていた。当初は心理士と話すことに気乗りしていなかった彼がこのように話すことこそ、(それをあえて効果と呼ぶなら) リフレクティングの効果と見ることもできるだろう。

だ。「誰かにそれを伝えたことがありますか」アンデルセンは尋ねた。「神に！」「彼は何と？」「殺される前に殺せと」

「何というべきか」「彼女のために何かしなくちゃいけない」アンデルセンは自問し、病院の医長と話し合った。彼女は自分の国の精神医療を変えたいと考えており、こんな大規模な病院ではなく、小規模なユニットを望んでいた。彼女はアンデルセンの前で涙をこぼした。

この訪問の数年前のこと。アンデルセンが以前から取り組んできた六月セミナー（第一章第三節参照）を基盤とする学びの場は、北ノルウェーと北スウェーデンのあいだで着実に育っており、二年間のインフォーマルな教育プログラムには、各国からの多数の専門職が参加していた《註19》。二〇〇〇年、このプログラムが「関係とネットワーク・セラピー（Relational and Network Therapy）」というコースとして正式にトロムソ大学のプログラムに位置づけられることになる《註20》。

アンデルセンは、こうした国境を越えた「ノーザン・ネットワーク」プロジェクトの経験を南米の人々に伝えたのだった。彼の情熱を込めた話は、人々の関心と意欲を掻き立てた。その後、幸運なことにトロムソ大学の海外連携事業としての支援を得て、アンデルセンは南米での専門職教育プロジェクトに多くの仲間とともに取り組むこととなる。ノルウェーばかりでなく、スウェーデンのワグナーや、フィンランドのセイクラも一緒だ。このプログラムは、「協働関係とネットワークの生成（Generation of Collaborative Relationships and Networks）」と名づけられた。プログラムの理念や骨格は北欧のそれと共有しつつ、内容は南米固有のローカルな状況に沿ったものへと調整された。実際にプログラムが実施されたのは、二〇〇五年三月から二〇〇六年一二月の二年間。南米各国から三六名の受講者《註21》が参加し、同じく南米からの七名のスーパーヴァイザーたちは、その間に四度にわたりアンデルセンを含む北欧からの訪問者たちと面談し、打ち合わせをおこなった（García, 2007）。

アンデルセンが、ブエノスアイレスで南米のスーパーヴァイザーたちと話し合ったときのこと。その七名の一人こそ、アスンシオンで出会った精神病院の医長だった。アンデルセンは、数年前の自分の訪問を覚えているか尋ねた。そのとき、「何か自分にできることはないか」と話したことも。彼女はまた涙をこぼした。南米においてアンデルセンと長く協働したブエノスアイレスのガルシアは、アンデルセンが二〇〇三年にアスンシオンの精神病院を訪れた際、出会った患者の女性から何か書かれ

《註19》この非公式な研修プログラムは、一九八七年からすでにアンデルセンたちのネットワークによって始められていた。アンデルセンの次の記述から、このネットワークの有していた雰囲気を垣間見ることができるだろう。「毎年一月にトロムソで開かれた集まりが総会として機能していた。そこには、受講生であれ、スーパーヴァイザーであれ、全員が参加し、話すことができた。投票すべきことがあれば、全員が一票を有していたが、投票が行われたことはなかった。皆が合意に至るまで話したのだ。ネットワークには、会員制がなく、会費がなく、代表者がなく、目標がなく、規約がなく、予算がなかった」（Andersen 2005: 180-181）

《註20》一九八五年に実践された最初のリフレクティング・チームのメンバーの一人であり、トロムソの大学病院ではアンデルセンの上司でもあったマグヌス・ハルトによれば、アンデルセンは、こうした正規のプログラム化による教育の形式化がはたして適切なものか長く懸念を持っていたという（Hald 2007）。教育の形式化、実践のマニュアル化、研究の表層化に対する鋭い感受性と警戒は、アンデルセンの取り組みに一貫したものだ。

《註21》受講者の構成は多様で、人類学、芸術、法、ソーシャルワーク、心理学、経験専門家といった分野から、多くは貧困、ストリート・チルドレン、児童養護施設、精神障害者施設といった文脈の現場で働く人々であった。

た紙切れを渡されたこと、そして、その紙切れをアンデルセンがトロムソの自宅の壁にずっと飾っていたことを覚えているという。

以上、アンデルセンのいくつかの出会いについて素描してきた。もちろん、それぞれの出会いが含む豊かなエピソードをここに書き尽くすことはできないし、まだ触れることのできていない大切な出会いもある。たとえば、アンデルセンに深い影響を与えたノルウェー独自の理学療法の創始者ビューロー・ハンセン（第一章第三節参照）の教え子たちとの協働が、彼女が亡くなったのちにもアンデルセンとのあいだで長く続いていたことを、その弟子であるベリート・ヤンセンは筆者に詳しく話してくれた《註22》。狭義の会話のみならず、筆者自身の身体で彼女の施術を体験することを通して学べたことは少なくない。また、スウェーデンのウプサラで取り組まれた知的障害と呼ばれる人々とアンデルセンとの印象的なリフレクティング・トークの取り組みについても、いずれ紹介する機会があればと思う。

「人々が僕について大仰な人物のように見たり、話したりするのは好きじゃない」。アンデルセンの声が聞こえてくる気もするけれど、本節で紹介したいくつかのエピソードは、トム・アンデルセンを徒にカリスマ化するためのものではなく、各々（そこには読者や筆者も含まれている）がさまざまな現場でその実践と展開を担い得る固有のリフレクティング・プロセスのパースペクティヴを示唆するためのものだ。

以下、次節以降では、こうした歩みのあいだにアンデルセンが著したいくつかの文章をながめながら、その会話哲学の深まりを見ていく。

第二節　その間の思索

第一項　チームからプロセスへ

「行ったり来たり越えたり」(一九八九年)(Back and forth and beyond)
「リフレクティング・プロセスにおける関係性・言語・先行理解」(一九九二年)
(Relationship, language and pre-understanding in the reflecting processes)

一九八七年にリフレクティング・チーム論文が発表されると、その画期的な会話形式は俄かに世界中の注目を集め、各地でそれをなぞる取り組みが始められた。リフレクティング・チーム形式を活用した実践研究論文も、家族療法の分野はもちろん、教育・研修をはじめとする実に幅広い領域で次々と刊行されていく。これはアンデルセンが一九八七年に論文を発表する前から半ば予期していたことであった。そして、その覚悟を定めていた通り、リフレクティングをめぐる誤解を減らすため、彼は世界各地を飛び回ることになる。

《註22》アンデルセンとノルウェー固有の精神運動理学療法(NPMP)グループの交流の様子については、Ianssen (2012) を参照。

一九八九年、オーストラリア家族療法学会の学会誌に掲載された「行ったり来たり越えたり」と題する短い文章は、そうしたことを始めて間もない頃のものである。リフレクティング・チームをセラピーと教育の場面（ライブ・スーパーヴィジョンの設定）で活用したオーストラリアのグループによる研究論文（Young et al., 1989）へのコメントを、アンデルセンは、「地理学的に南北の両極にあって、何かしら似たことが生じるのは興味深い」（Andersen, 1989: 75）との言葉で始めている。たしかに、それらは似ており、そして、同じものではなかった。

この文章のなかで、アンデルセンは、自分たちの実践とオーストラリア・グループの実践の似ている部分、似ているが異なる部分、異なる部分について言及している。特に強調されているのは、面接システムとリフレクティング・チームという二つのシステムを厳密に分けるよう留意することだ。これは、オーストラリア・グループがリフレクティング・チームのリフレクションに対して、家族に直接コメントさせていることを指摘するなかで述べられている。

リフレクティング・チームからのアイデアは、あくまでそっと提示されるべきものである。クライアントは、それに興味があれば受けとり、思いを巡らせ、変化の一歩を踏み出すために用いるかもしれない。ただし、クライアント側が何をどんなふうに話すかは完全に自由であって、決してリフレクティング・チームや他の誰かによって提案されるべきではない。一見、些細だが、こうした細部への感受性こそがリフレクティング・チームの働きを実質的なものにするだろう。

この文章のなかで早くも示唆されているのが、「リフレクティング・チーム」という言葉の使用を最小限に控えることだ。「なぜなら、そうした設定は、ある話題について会話することと、そうした話題についての会話について思いをめぐらせることとの転換を示す『リフレクティング・ポジション』を組織するほとんど無限にあるやり方の一つに過ぎないのだから」(Andersen, 1989: 76)。この言葉の通り、アンデルセンは、リフレクティング・チームの形式的な厳格化を志向しているわけではなく、むしろ自在で臨機応変な可能性を肯定している。そして、そのことは、先に触れた細部への感受性と何ら矛盾するものではない。

肯綮《こうけい》にあたる実践に欠かせないのが、そこに「リフレクティング・ポジション」が組織されているということである。リフレクティング・ポジションとは、リフレクティング・チーム形式の会話においてリフレクティング・チームが果たす役割をその一例とするような、会話においてリフレクトを促すことを担うポジションである《註23》。ただし、必ずしもリフレクティング・チームを配置せずとも、リフレクティング・ポジションを形づくることが多様に可能であることは、アンデルセン自身が先の引用で述べ、各種の実践において体現しているところである《註24》。また逆に、リフレクティング・チームを配置することが直ちにリフレクティング・ポジションを組織することになるとは限らない。

《註23》筆者なりに敷衍するなら、それは相手に関わるのでなく、会話に関わるためのポジション、さらに言えば、関係と関係する（関係と関係を関係させる）ことを可能にするような「間」を創出するためのポジションである。会話において、人は容易に他者の問題や、さらには他者そのものに関わり、コントロールしようとしてしまうが、それは本来的に不可能である。リフレクティング・ポジションは、あくまで「ある話題についての会話」という、それ自体ひとつの関係（関係a）であるような事象を他なる会話（関係b）にうつし込む（関係c）ことを可能とするために組織されるポジションである。

《註24》本節第三項を参照。

なにより、リフレクティング・ポジションがその実質を発揮するためには、以下に登場するリフレクティング・プロセスに包容されてある必要がある。

一九九二年、先の文章と同じくオーストラリア家族療法学会の学会誌に掲載された「リフレクティング・プロセスにおける関係性・言語・先行理解」という論考では、そのタイトルに見られる通り、「リフレクティング・プロセス」という言葉が明確に用いられるようになる。そこでは、「リフレクティング・プロセスとは、さまざまな参与者が『はなすこと』と『きくこと』のあいだでなす『うつし』に一定のかたちを与えたものと記述できるだろう」(Andersen, 1992: 88)と定義されている《註25》。「はなすこと」「きくこと」を「外的会話」「内的会話」と位置づけるアンデルセンの思索の進展も、この論考で確認できる。会話の参加者が他の参加者と話すとき、彼らは外的会話に携っており、会話の参加者が聞き、自分自身と話すとき、彼らは内的会話に携っている。このとき、会話の参加者たちは、外的会話と内的会話という二つの異なるパースペクティヴからイシューに関わることになる。

外的会話、内的会話というキーワードは、リフレクティング・プロセスの理解においてきわめて大切なものゆえ、少し敷衍しておこう。「はなすこと」が外的会話と呼ばれることについては、あるいは、イメージしやすいかもしれないが、「きくこと」が内的会話《註26》と呼ばれることについては、そこにおける「会話」の含意をあらためて確認しておく必要がある。まず、ここで言われる「会話」とは多声的なものである。

外的会話であれ、内的会話であれ、それらが多声的なダイアローグとしての会話であるということは、そこに単一の声のみが存在する、あるいは、ひとつの声が他の声を支配しているのではなく、複数の声が存在し、声と声のあいだに一定の間合いが保たれ、相互のやりとりが生じていることを意味している。それは、他なる者の声が会話の内に招き入れられている状態かもしれないし、あるいは、ひとつの声が揺らぎ、ひとつの渦が枝分かれするように分かたれることで、両者の共在と、その折り重ねとしての両者間の会話、そして、それらを通した各々の声の自律創出がようやく可能となった状態かもしれない。いずれにせよ、自らの内に他なる声を含まないようなモノローグ、孤立した自問自答は、アンデルセンが内的会話と呼ぶものではない。「きくこと」としての内的会話の含意はそのようなものである。

リフレクティング・プロセスの本質は、そうしたそれぞれに複数の声の響き合う外的会話と内的会話という二つの異なるパースペクティヴを丁寧に折り重ね、うつし込み合わせていくことに存する。その本質を損なわない限りにおいて、それを体現するあり方は融通無碍に可能だろう。「そうしたリフレクティング・プロセス理解を自らのものとするなら、それを組織する多様な方法を見出すことは容易である。リフレクティング・チームやワンウェイ・ミラーの利用は、そのやり方のひとつに

《註25》あえて「うつし」と、筆者が翻訳、表現してきた原語は、the shiftsである。リフレクティングという言葉に込められた意味が、英語のreflectionのニュアンスと異なることは、繰り返しアンデルセンが強調している通りだ。それは単純な反射を意味するものではない。われわれの身体に馴染んだ大和言葉でこそ可能となる「うつし」という表現でアンデルセンの含意を受けとるなら、リフレクティングとは、映し（本体）であり、移し（様相）であり、写し（作用）であるような「うつし」であろうと筆者は考えている（矢原 2016）。

《註26》アンデルセン自身の記述には、文章により、inner conversation、inner dialogue、inner talkといった表記のバリエーションが見られる。

過ぎない。ワンウェイ・ミラーは必須ではないし、話したり、聞いたりする役割を交互に行うためのチームすらそうである」(Andersen, 1992: 88)と、アンデルセンが述べるように、この時点ですでにワンウェイ・ミラーもチームも、リフレクティングの必須条件ではないことが確認されている。大切なことは、表面的形式を似せることや安易にマニュアルに則ることではない。

前章に訳出した一九八七年のリフレクティング・チーム論文と比して、この論考の特徴のひとつは、理論的説明から感覚的表現へとアンデルセンの記述が大きくその比重を移していることである。「居心地の悪さを感じる」と題された節において、アンデルセンは自身の臨床実践における変化のすべてが「居心地の悪さ」から生じたものであることをはっきりと述べる。「僕が参加している関係が、僕にとって居心地の悪いものだったという感覚が仕事における変化を促したのであって、理論であるとか本や論文を読むことが変化させたのではないのは興味深い。むしろ、実践における居心地の悪さの感覚によって促された変化が、理論、あるいは、より好ましい言い方をするなら、僕の仮説や構えを変化させたのだ」(Andersen, 1992: 89)

アンデルセンにとって居心地が悪いと感じられる関係とは、どのようなものだったのだろうか。「不快であるという感覚は、何事かが倫理的、または、美的、あるいは、その双方の基準と不調和となっているときに生じると思われる。われわれが互いに話し、行うことのすべては、なにより関係の形成、再形成に寄与する。専門家が方法や技法に気を取られているとき、そうした方法や技法それ自体が進行中の関係の主要な決定要因となってしまう。(中略)人が他者と『ともに(together with)』何かをなすような関係は、人が他者『に(to)』『について(about)』『のために(for)』『に対して(on)』何かをなす関係よりも居心地が良いと思われる」(Andersen, 1992: 90)。すなわち、アンデルセンが感じた居心地の悪さとは、専門家が自身の方法や技法に囚われ、クライアントをその対象物として扱うような関係。さらに言えば、専門家が、クライアントよりも自分たちこそが「何について」「どのように」話すべきか知っており、さらには、彼らが何を理解すべきで、何をなすべきかをも知っているかのように振る舞うことで生じるちぐはぐな状況、歪な関わり、まさしく倫理的、美的不調和であった。

一九九二年のこの論考のもうひとつの特徴は、一九八七年の論文には見られなかったグーリシャンとビューロー・ハンセンというアンデルセンの臨床に最も大きな影響を与えた二人への言及が前景化していることである。「ハリー・グーリシャンとの議論とアデル・ビューロー・ハンセンから吸収した知恵とが、人間が考え、活動することへの僕の『新たな』理解に大いに寄与した」(Andersen 1992: 90) とアンデルセンは述べる。グーリシャンは一九九一年に亡くなっているが、一九八八年の論文において言語システム論へと大きく舵を切っていた彼との会話こそ、アンデルセンの会話と言語をめぐる思索の深化を強く促し、その後も支え続けたものだった。そして、その会話と言語をめぐる探求に、身体性を伴う息づかいの速度やリズム、声の大きさ、ピッチの変化、間といった豊かな次元を提供し、アンデルセンの実践と会話哲学を一層奥深いものとしたのがビューロー・ハンセンとの協働である。二人の影響のもと、一九八七年のリフレクティング・チーム論文からわずか数年のあいだに、アンデルセンは、リフレクティング・チームをリフレクティング・プロセスへと着実に深化させていった。

第二項　セラピーの歴史とセラピストのあり方

「見ることと聞くこと、見られることと聞かれること」（一九九三年）（See and hear, and be seen and heard）

一九九三年に刊行された論集に収められているこの文章のなかで、アンデルセンはサイコセラピーの歴史を概観しつつ、その流れのうちに自身の実践を位置づけている。彼のセラピー観とセラピストとしての自己像を、サイコセラピーの歴史的文脈に照らして垣間見ることのできる貴重な文章である。

アンデルセンは、社会構成主義の論者として知られるケネス・ガーゲン（彼もまた、アンデルセンの六月セミナーに参加していた同志である）を参照しつつ、自己概念をめぐる見解がロマン派の時代からモダニズムの時代、そして、いわゆるポストモダニズムの時代にかけて、いかに展開してきたのかを確認する。それによれば、ロマン派の時代（主に一九世紀）の自己は、人格的深さによって構成されており、心によって統治される。一方、モダニズムの時代（一九世紀終わりから二〇世紀初頭に始まる）の自己は、合理性と認識作用によって構成されており、脳によって統治される。しかし、これらの自己がいずれも時を経て安定した性格、人格を有するものと見なされるのに対し、いわゆるポストモダニズムの時代（二〇世紀半ばに始まる）においては、「多様な自己」という見方が示される。すなわち、個人は、さまざまな関係性や会話、ことばを通してうつりゆく複数の自己から構成される。

こうした展開にサイコセラピーの歴史を重ねるとき、ジークムント・フロイトは（他の多くのセラピスト同様）、ロマン派時代の自己観とモダニズム時代の自己観との橋渡し役として位置づけられる。すなわち、フロイトは、クライアントとの強固な感情的結びつきを通して、クライアントが長年にわたり溜めこんできた苦痛を伴う緊張を吐出することができるような理性的説明を探求していく。一方、多くの家族療法家は、サイバネティクスの理論と言語にもとづき、モダンな自己観に依拠する。そこでは、客観的に同定可能なシステムと、そこにおける個人の立場への理解を通し、専門家がそれらのシステムや個人に介入することで、両者に変化を生じさせることが可能と考えられる。アンデルセンは、戦略的家族療法、構造派家族療法をそうしたタイプの家族療法の例と位置づけている。

こうした現代のサイコセラピーにおいて、少数派ながら、構成主義（constructivism）と呼ばれる人々は、モダニズム時代の自己観とポストモダニズム時代の自己観との橋渡しを行っている。そこでは、個人は複数の記述と、それに応じた複数の理解を創出する多様な可能的自己とみなされる。それゆえ、セラピーの役割は、問題に関するより有益な記述や理解を探求することとなる。ただし、そうしたより有益な理解の達成は、あくまで個々の認識行為の結果である。

そして、さらなる少数派として、自らをセラピストと称することさえ躊躇するような人々、すなわち、自己とは基本的に言語や会話を通して構成される、と見なすポストモダニズム時代の自己観を有する社会構成主義と呼ばれる人々（social constructionist）が存在する。これらカギ括弧付きの「セラピスト」は、自身の存在や配慮を、願わくは新たな文脈を創出するために提示する。新たな文脈とは、クライアントが理解しようとしていることについて、それまでとは異なったあり方で話したり、考えたりするのを可能にするような文脈である。セラピストは、そのためにクライアントと「ともに」会話するのであって、専門家として振る舞うことはない。アンデルセンは、グーリシャン、アンダーソン、そして、自分自身の実践をそうしたものと位置づけている《註27》。
　無論、アンデルセン自身、臨床経験のはじめからそうしたスタンスであったわけではない。まず一般医としての教育を受けたアンデルセンは、当初、きわめて物質的、生物学的な自己観を有していたという。その後、精神医療の道に進み、個人療法のトレーニングを受けるなかで、心理学的自己観へと変化していったものの、クライアントの抱える問題を顕著に逓減するにはいたらず、家族療法への関心と学びを深めていく。そうしたなか、ミラノ派のやり方に出会い、その文脈において仲間たちとともにリフレクティング・チームを創造し、さらに、多様なリフレクティング・プロセスを展開していった。

「今では僕は『セラピー』というものを、なにより二つの関係者間の関係とみなしている」(Andersen, 1993: 305)と述べるアンデルセンは、会話を通して構成される自己、というポストモダニズム的な自己観を通して「二つの関係者間の関係」、すなわち、クライアントをはじめとする当事者らの関係(=プライベート・ネットワーク)と、セラピストら専門職の関係(=プロフェッショナル・ネットワーク)とのあいだの関係(とその変化)に焦点をおいたセラピーを構想し、実践していたのである《註28》。

　一九九三年刊行の論集に収録されたこの文章が書かれた頃、すでにアンデルセンは、「リフレクティング・チーム」という言葉を用いないばかりでなく、その実践においてもチームから自由になっていた。それは、ひとつには、リフレクティング・プロセスが特殊なテクニックではなく、会話一般としてあり得ることへの自覚によるだろうし、実際のアンデルセンの活動がより幅広いものへと展開していたことにもよるだろう。「僕は自分自身の実践というものを持たないし、もはや特定のチームに属するということもない。そうすることで僕は多くの点で一層、融通自在になった。たとえば、そのときに応じて、理論的アイデアや実践のモードを捨て去ることもできる。自分の実践を持たないので、僕と相談したい人々のところへ行って、彼らのオフィスで彼らとチームになって一緒に実践するのだ」(Andersen, 1993: 311)。自らをより自由であれるあり方へと解き放っていくなかで、その実践は、

《註27》アンデルセンによる、こうした自身の実践の位置づけを踏まえるなら、前章のリフレクティング・チーム論文の終盤において、彼が表面的形式の類似する「グリーク・コーラス」や「戦略的ディベート」との差異を強調した理由もあらためて理解できるだろう。あえてサイバネティクスの言語で論じるなら、戦略的立場に立つ家族療法は、一見、クライアントや家族らが構成するコミュニケーション・システムにおいて用いられている観察を観察する視点、すなわち、二次的観察(セカンド・オーダーの観察)の視点を有するように見えるかもしれない。しかし、それはあくまで専門家としての自己の視点を特権化した不完全な二次的観察であって、専門家自身の観察を含め、あらゆる観察が盲点をはらみ、それゆえにこそ観察が可能となることを前提とした二次的観察の徹底、汎化には至っていない。二次的観察の徹底から導かれるのは、切れ味鋭い専門家の見立てや戦略的(という名の独善的)介入ではなく、むしろ「あれもこれも」や「あれでもなくこれでもなく」というスタンスで「ともに」会話するコラボレイティヴなあり様である。

《註28》「二つの関係者間の関係」というアンデルセンのセラピー観について、ひとまず外的会話の次元に照準を合わせて筆者なりのイメージを述べるなら、それは二つの異なる渦(二つのコミュニケーション・システム)のあいだに新たな流れ、新たな渦(第三のコミュニケーション・システム)として生じ、それがしばし双方の渦を包みながら揺るがし、それぞれに生き生きとした勢いが育つとともに、いずれ両者が分かたれ、見えなくなるようなセラピーだろう。そこにおいてセラピーは、テクニックではなく、他なる関係性にかかわるためのひとつの「あり方」となる。だからこそ、リフレクティング・プロセスがもたらしたクライアントらとセラピストらとのあいだの関係性(すなわち、関係と関係と関係との関係)の変化にアンデルセンは大いに安堵したのだった。

前節でも見てきたように、国境も、家族療法の枠も大きく超えていく。

この論集には、各章の末尾に編者と執筆者のQ&Aが付されている。そこでは、今日においてすら、多くのセラピストにとって、あまりにラディカルと受け取られるかもしれないアンデルセンのスタンスが率直に語られている。たとえば、「セラピストとしてその成果を志向する倫理的責任はないのか」と問われた彼は、こう答えている。「何らかの変化が生じることに寄与する責任はあると思う。けれど、それがどんな種類の変化で、どんなふうに、いつ生じるのかは、僕の責任じゃない。セラピストが成果を志向すべき倫理的責任を持つとは思わない」（Andersen, 1993: 320）。そう。クライアントと「ともに」会話し、専門家としての介入やコントロールの構えを放棄したアンデルセンにとって、通常想定されるような意味でのセラピーの「成果」は、セラピストがその責任を負うべきものでも、そもそも負い得るものでもない。

ただし、彼はこう続ける。「僕らは別種の倫理的責任をもっている。それは、たとえば、人々を傷つけないことだ。（中略）クライアントは多くのサインを示してくれる。僕の仕事は、それらのサインを見聞きできるように、自分の感受性を鍛錬することだ」（Andersen, 1993: 320）。アンデルセンの掲げるこうした倫理的責任は、はたしてセラピストとしてあまりに控え目と感じられるだろうか、あるいは、あまりに峻厳と感じられるだろうか。おそらくどちらでもあるのだろう。会話における倫理というテーマは、その後も彼の中で育ち続ける《註29》。

このQ&Aでは、ヒエラルキーからヘテラルキーへという関係性の移行について、後者が単なるフラットな関係を意味しないことも明言されている。この点は、リフレクティングを活用した各種のダイアローグ実践などにおいて、今も誤解されがちな部分だろう。「僕はクライアントと専門家が対等になれるとは思わない。クライアントは僕の持っていない『ローカルな』経験を有しており、僕は彼らの持っていない『一般的な』経験を有している。だから僕らは異なっている。そしてまた、彼らは、何を、どんなふうに僕らが話すべきかについて決定権を持っているという意味でも対等じゃない」(Andersen 1993: 321)

こうしたアンデルセンの発言は、われわれが会話の場において、安易にクライアントと専門家のあいだにフラットな関係を標榜することに慎重であるように促し、振りかえりの機会を与えてくれる。当然のことながら、会話の参加者は、それぞれに多層的な歴史を刻む固有の文脈に位置づいており、各々がそれを意識するにせよ、しないにせよ、既存の社会関係にそれらの文脈のいくばくかが編み込まれた状況のなか、そこに生じる力関係の磁場のもとで会話はなされてゆく。

大切なことは、お題目としてフラットな関係を標榜することではなく(もし、それが専門家の側から一方的になされるとしたら、まことに悲惨だろう)、既存の文脈がはらむ力関係を感受し続けながら、その場にいる人々のそれぞれに異なる固有の価値を尊び、願わくはそのあいだに新鮮な風を通す工夫を重ねていくことだろう。

ここに述べてきた通り、セラピーにおける会話では、参加者各々の経験や立場の差異がはらむ力関係を感受し続けることが不可欠であるが、ただし、それもまた一方向的なものではない。アンデルセ

《註29》会話における倫理については、本節第五項を参照。

ンは、クライアントと専門家の両者に対して、特定の会話に参加することを拒否する権利を等しく認めている。会話は、参加する誰にとっても苦痛なものであってはならない。

第三項　多様な領域におけるリフレクティングの活用と協働的研究

「リフレクティング・プロセス――知らせることと形づくること」（一九九五年）
(Reflecting processes: Acts of informing and forming)
「クライアント―セラピスト関係の探究――セラピーを豊かにするための協働的研究」（一九九七年）
(Researching client-therapist relationships: A collaborative study for informing therapy)

一九九五年刊行の論集『作動するリフレクティング・チーム』では、幅広い論者による多様な領域でのリフレクティング実践が紹介されている。アンデルセンはここでも、「ひとたびわれわれが、内なる会話と外なる会話とのあいだのうつしこそ大切な要素である、というアイデアを理解するなら、これらのプロセスを多様なやり方で、さまざまな文脈において立ち上げることができるだろう」(Andersen, 1995: 18) とリフレクティング・プロセスの多様な実施可能性について述べ、そのうえでいくつかの具体例を示している。

リフレクティング・トークのバリエーションとして、ここで示されるのは、以下のような五つの例である。

(1) ワンウェイ・ミラーの背後にチームを置く、あるいは、同じ部屋の片隅でチームが聞いたり、話したりする（一般にリフレクティング・チーム形式の会話として知られるのがこの形である）。

(2) チームなしで、一人の同僚が同席し、セラピストとリフレクティングを行う（ワグナーが刑務所の実践で用いたトライアローグ方式は、その一例といえる）。

(3) チームなしで、セラピスト一人の場合、セラピストが家族のうちの一人（仮にAさんとする）と会話し、その間、家族の他の人々はそれを聞く。その後、セラピストは他の人々と会話し、その間、Aさんはそれを聞く（ここでは、Aさん以外の家族とセラピストがリフレクティング・チームの役割を果たしている）。

(4) クライアントとセラピストが一対一の場合、その場にはいない誰かの視点（たとえば、クライアントの母親の視点）に立ち、母親がその場での話題について考えるであろうこと、話すであろうことについて話す（ゲシュタルト療法で知られるエンプティ・チェアや、ナラティヴ・セラピーにおけるリ・メンバリングする会話が想起されるかもしれないが、アンデルセンは、実際の面接のなかでこうした問いかけをしばしばおこなっている）。

(5) 多数の聴衆を伴うワークショップや会議形式のコンサルテーションの場で、聴衆をリフレクティング・チームとする（アンデルセンは、国内外から招かれて公開スーパーヴィジョンや公開コンサルテーションを実施しており、そうした場でこの形式が用いられた）。

(3)と(4)のように形式上セラピストが一名であっても、リフレクティング・ポジションを形づくることができるということは（それぞれの状況に応じた配慮はもちろん必要であるとして）、われわれのリフレクティングのイメージを新鮮にし、創造力を刺激するだろう。これらは、あくまでアンデルセンの経験から導かれたリフレクティング・トークのスタイルの例示であり、用いる者の創造力次第では、さらに多様なスタイルが可能となる。

また、アンデルセンは、セラピーという文脈を超えたその活用場面の可能性についても、以下の四つの具体的領域を例示している。

(1) **グループ・スーパーヴィジョン**——一人のスーパーヴァイジーとスーパーヴァイザーが会話しているあいだ、他のスーパーヴァイジーたちがその会話をながめ、聞いている。その後、他のスーパーヴァイジーたちとスーパーヴァイザーが会話し、最初のスーパーヴァイジーは、その会話をながめ、聞いている。これは基本的なリフレクティング・チーム形式のグループ・スーパーヴィジョン場面への適用といえる。

(2) **スタッフ会議**——職場で特定のテーマについてミーティングを行う際、グループを二つに分け、一方のグループが話し合っているあいだ、他方のグループはその会話をながめ、聞いている。その後、グループの役割（話すグループ、聞いているグループ）を交代して、交互に数往復する。

(3) **経営幹部会議**——特定のテーマについて話し合うために集まった経営幹部たちを、いくつかの小グループに分け、最初に一つの小グループがテーマについて話し合うのを、他の複数の小グループがながめ、聞いている。最初のグループの話し合いを踏まえて、今度は次の小グループが話し合う形で、順次進んでいく。

(4) 質的研究

質的研究――質的研究を行う者（研究者）が自身のデータに関して、何らかのカテゴリーや未だ発見されていない何かを探求する試みに関して他者に話す。他の人々は、それをながめ、聞いている。その後、研究者の話を聞いているあいだに考えたことについて他の人々が話すのを研究者が聞いた後、他の人々が話すのを聞いて考えたことについて研究者がコメントする。

こうした具体的領域での活用方法の例示は、ごく大まかなものに過ぎないが、いまや国内でもきわめて多様な文脈でリフレクティング・トークが活用されている様子は、矢原（2016）でその一部を紹介した通りである。そして、繰り返しになるが、これらリフレクティング・トークのさまざまなバリエーションについて、それらの実践が誰かの作ったルールやマニュアルに囚われてしまうことは、ぜひとも避けられるべきであることをあらためて強調しておきたい。アンデルセンは、「事前にプランを立てることを無くすほど、今ここでの状況がおのずとそれに相応しいかたちを生みだしていく可能性を高める」と述べ、「そのプロセスに参加する人々が自然で居心地良く感じられるように話し、過ごすことができることが大切だ」（Andersen, 1995: 19）と念押ししている。

それは実にシンプルな構えであるために、ときにつかみどころがなく、その場に相応しいかたちで具体的な実践に踏み出すことがかえって難しく感じられるかもしれないし、ときに心許なく、濫用といえるものさえ許してしまいかねないように感じられるかもしれない。しかし、それゆえにこそ、さらなる創造・発展の余地はつねに残されているだろう。

では、リフレクティングの濫用か創造か、いずれに向かうのか。それらを分かつものは何だろうか。少なくとも、権威づけられた専門家やその肩書を掲げた有資格者の判断によってではないことは確かだろう。そこでひとつのヒントとなるのが、アンデルセンが各地で取り組んだ、クライアントを「共同研究者」として、ともに研究を進めるあり方である。「リフレクティング・プロセスは、比較的容易に活用でき、さまざまに異なる状況で使用することが可能な役立つ実践であるように見える。ただし、それは自らに学ぶ実践でもある。クライアントとセラピストは、協働する者であるのみならず、ともに研究する共同研究者なのだ」(Andersen, 1995: 28)。すなわち、誰もがリフレクティングを自由に、創造的に活用することは許されているが、それらの実践は、常に実践の参加者たち（断じて実践を提供する側だけでなく、その実践に関わるあらゆる参加者たち）によって、ともに研究され、学ばれることを通してこそ、進展し得るということだ。

そうしたクライアントとセラピストの協働としての共同研究《註30》について、アンデルセンは一九九七年の論文で具体的に論じている。この論文では、導入部分において、セラピストが自身の実践を磨くために四種の学び方があることが示される(Andersen, 1997: 126)。それは、①理性的な学び（書籍や論文を読み、理論家の講義を聴くことを通してなされる）、②実践的な学び（他の実践家を観察することを通してなされる）、③関係的な学び（他者から学ぶことは難しく、他者たちとの関係のうちに自らの身を置くことを通してなされる）、④身体的な学び（われわれの五感や呼吸がもたらす世に処するあり方へのあらゆる微細な反応を通してなされる）の四つである。これらのなかでも、本論文執筆時点のアンデルセンがクライアントーセラピスト関係を理解し、それに参与するうえでより根本的かつ必要不可欠と考えたのが、身体的な学びと関係的な学びの二つである。なぜなら、それらの学びは、意味が言語的に構造化される以前の「今ここで感受される意味」を把握することに寄与するためだ。

これらの学びをめぐるアンデルセンの思索は、次項で詳述する「解釈学的循環」の視座から導かれたものである。一般に、われわれが何らかのプロセスを記述し、定義づける際、個々人固有の物事の見方によってある種の偏見を持つことは避けがたい。そのこと自体は、おそらく多くの人々にとって明らかだろう。アンデルセンがここで提示する（彼にとっての）解釈学的循環とは、そのような偏見を前提としつつも、他者との出会いにおいて経験される新鮮な何かが自身へと折り返され、かすかに、あるいは、広く、ときに深くさえ、自身がもともと有していた物事の見方を変化させていくプロセスを意味している。それは、人々が他者との新鮮な出会いを重ねるなかで、自ずと自身の新たな世に処するあり方を自らのうちに育んでいくということだ。

こうした立場から導かれるアンデルセンの人間観は、続く文章で次のように表現されている。「今や僕は、人を絶え間なく動き（行為し）、絶え間なく自身（内なる無言の声たち）と話し、絶え間なく他

《註30》アンデルセンは、この研究を既存の研究枠組みに結びつけるなら、「参加型アクションリサーチ（Participatory Action Research）」と呼ぶのが適切だろうと述べている。以下で紹介する論文は、アンデルセンがおこなった多様な共同研究のあくまで一例である。顧みれば、リフレクティング・トークに参加するいわゆる「クライアント」や「患者」と呼ばれる人々は、彼にとってつねに共同研究者であったともいえる。だからこそ、ある時は強制的精神医療をめぐって、ある時は刑務所でのリフレクティング実践をめぐって、利用者や職員、関係機関の専門職、行政関係者など、さまざまな立場の参加者を招いた大規模なリフレクティング・トークをおこなった際にも、彼はそれを参加者全員で新たな知を発見するための「研究会議」と位置づけていた。

者（外なる聞かれ得る声たち）と話し、それによって絶え間なく意味（と同時に多様な自己）を創造、再創造する存在とみなしている。人はこの世に『being』として参与するが、そこでの『being』とは名詞ではなく、動詞であって、『世に処する』(being in the world) ようにあるということだ。社会的に構成された世界において、このことは、僕たちが（身体的な）動きに処すること、ことばに処すること、会話に処すること、関係（他者とあること）に処すること、文化に処すること、時間（歴史）に処すること、自然に処することなどを意味している。変化するということは、僕らが僕らの動きやことばや会話や関係において異なってあるということなのだ」(Andersen, 1997: 127)。この短い文章に、広義の会話のプロセスのなかで常に変化し続け、移ろいゆくものとしてある人間をめぐるアンデルセンの会話哲学のきらめきを垣間見ることができるだろう。

さらに、こうしたアンデルセンの人間観は、「日々の生活における解釈学的循環は、あらゆる人々にとっての日々の『研究』（あるいは推量）モデルである」(Andersen, 1997: 126) というアンデルセンの研究観にもつながっている。それゆえ、この共同研究プロジェクトにおけるリサーチ・クエスチョンは、「セラピストが変化させられるのはセラピスト自身だけだとしたら、彼らのクライアントとのあり方がクライアントにとってより良い、あるいは、より悪い成果に寄与していることを知る機会を、いかにして得ることができるだろうか」、「もし、そのような学びが共同的記述によって促され得るとしたら、クライアントとセラピストの両者は、いかにしてそのような記述にいたることができるだろうか」というものだった。

この論文において言及される研究プロジェクト自体は、一九九一年から一九九三年のあいだにノルウェーとスウェーデンで実施されたものだ《註31》。具体的な進め方は、次のようなものである。まず、それぞれのセラピストは、治療関係が終結して一定期間（半年から二年ほど）が経過したクライアントに、彼らのセラピーの場での経験について話してくれるよう呼びかける。このとき、この集まりは、あくまでセラピストが元クライアントから学ぶ機会を得るためのものである旨、明言される。セラピストとクライアントの双方が心地良く感じていたセラピーの場合、クライアントは快く集まってくれる。クライアントがそこで困難や不快を感じていたセラピーの場合、セラピーにおいて何が役に立たなかったのか、セラピストが学ぶのを助けるために話しに来てくれないかと打診される。セラピスト自身が困難や不快を感じていたセラピーの場合、そのセラピーについて話し合うために再会してほしいとセラピストから求められる。もちろん、クライアントにとって、それがあまりに不快なことであると意思表示された場合には、参加を強いることはしない《註32》。

このポスト・セラピー・インタビューは、クライアント、セラピスト、そして、外部から参加する

《註31》同内容の実践をアンデルセンとともに体験したという話は、筆者が北欧を訪ねた際、デンマークなど近隣諸国でも耳にすることがあったゆえ、その後も幅広い地域で展開されたものと思われる。さらに、アンデルセンが発展させたこの独自の共同研究の方法は、その後も臨床実践に関わる研究者たちに引き継がれ、さまざまな領域で展開されている。具体例として、Wächter（2006）とRautiainen & Seikkula（2009）を参照。

《註32》実際には、この呼びかけを通して、そうした会話に参加する準備が整っていないクライアントがいることも確認されたという。そうした会話に参加することが、かつて問題を抱えていた時期の不安な感覚を呼び戻すのではないかというリスクを感じる人、セラピストとの関係をとても嫌って再会したくない人、何か実際的な理由で参加が難しい人などである。

アンデルセンの三者を含むリフレクティング・トークとして構成された。まず、アンデルセンは、セラピストに次のような質問を投げかける（クライアントは、両者の会話を聞いている）。

「今日、クライアントに来てくれるように頼むとき、どんなことがあなたの心の中にありましたか」

「クライアントは、セラピーへのあなたの貢献のどんな点を最も評価していると思いますか」

「ミーティングの際、クライアントにとって、あまりにかけ離れ過ぎてしまったときはあるでしょうか」

「クライアントが話したかったのに、それについて話し合われなかったことはあるでしょうか」

「あなた自身にとって困難だったと思い出される瞬間はありますか」

「あなたが決して話題にせずに心の中で考えていたことで、後から考えて話しておけば有用だったのかもしれないと思うことはありますか」

「このセラピーは、あなたが別のクライアントとおこなってきたセラピーと似ていますか、違っていますか」

こうした問いのいずれかにセラピストが応答すると、それに沿って、たとえばセラピーにおいて「話し合われなかったこと」についてであれば、「もしそのとき、あなたがあえてその話題についてクライアントと話すとしたら、あなたはどんなふうにそれをやったでしょう」というふうに会話は展開していく。

セラピストとアンデルセンの会話に続いて、アンデルセンはクライアントと会話を行う（セラピストは、両者の会話を聞いている）。その際にアンデルセンが投げかける質問は、次のようなものだ。

「セラピストと僕の会話を聞いていて、コメントしたくなったことはありますか」
「○○についてセラピストが話しているとき、どんなことを考えていましたか」
「セラピストが話したがっていたことに加えて、何かあなたが話したいことはありますか」
「セラピー場面で思い出される特別な出来事はありますか」
「セラピーを受けていたとき、あなたにとって会話への関心が薄れたことはありましたか」
「あなたが何かについて話したかったのに、それについて話せなかったことはありますか」
「セラピストが聞こうとしていなかったことで、あなたが何かを言おうとしたことはありますか」

こうしたクライアントとアンデルセンとの会話に続いて、セラピストには再度、そこでの会話に応答し、コメントする時間が与えられる。

この共同研究に参加したある三人組のセラピスト・チームとクライアント家族（母、父、息子）の例を見てみよう。セラピーの終結後、一年が経過している。セラピストたちは、セラピーのあいだ息子は全く参加しなかったと話した。アンデルセンが両親抜きで息子だけと会う可能性について考えたことがあるか尋ねると、「それは不可能だった」とセラピストたちは断言した。ところが、アンデルセンと話したその少年（息子）は、自分が一人でセラピーに来ることこそ望んでいたことなのだ、と話した。セラピストたちは自分たちが発した「それは不可能だった」という答えの頑なさにショックを受ける。このセラピスト・チームは、継続的に変化を志向していたが、このポスト・セラピー・インタビューは、はるかに大きな柔軟性を彼らにもたらすことになった。彼らは、セラピーをいかに進めるかについて、家族と話し合うことを始めただけでなく、チームの形にこだわらず、一人でも二人でも家族と会うようになったという。

では、セラピストたちは、なぜそれほど劇的に変化したのだろうか。これについて、アンデルセンの研究実践の背景に存する、人間の変化をめぐる彼の会話哲学から考えてみることができるように思う。彼は、二種の変化を区別している。「第一の変化は、その人の外部、他者からやってくる一方的な指示。そうした指示は、以前からそこにあったものを抑えつける。笑っている子どもは、たやすく真面目な子どもへと躾けられる（怯えさせられる）。第二の変化は、その人の内から、他者との相互作用の結果として生じる。それは世に処するあり方を押し広げ、何か新たなレパートリーをもたらしさえする。この第二の変化に関して、何か新たなことに向けて僕が変化させることのできる唯一の人物は、僕自身だ」(Andersen, 1997: 127)

セラピーにおいてセラピストが唯一変化させられるのはセラピスト自身。グーリシャンの声が重なって聞こえてくるようなこうした哲学のもと、セラピストークライアント関係を振りかえる機会を得るために、そして同時に、そのプロセスそのものをクライアントとセラピストの共同的記述を通して促進していくようなリフレクティング・プロセスの一環として、このコラボレイティヴな研究実践はなされたのだった。

第四項　ことばをめぐるいくつかの仮説

「ことばはイノセントじゃない」（一九九六年）（Language is not innocent）
「意味創出をめぐる五行一文」（一九九八年）
(One sentence of five lines about creating meaning: In perspective of relationship, prejudice and bewitchment preliminary attempts to explicate some thoughts that everybody already have somehow thought of)

一九九六年刊行の論集に収められた比較的短いが真珠のような論考のなかで、アンデルセンの会話哲学は、徐々にその輪郭を明らかにしていく。それは一見たゆたうような光を発する、しかし、着実な実践に裏打ちされた哲学である。本論考における足場として、まず言及されるのが、前項でも触れた「解釈学的循環」の概念である。古代修辞学に由来する「全体は個から、個は全体から理解しなければならない」という規則が、近代の解釈学において理解の哲学へと深められたことは広く知られていよう。ここで解釈学の歴史をたどる余地はないが、アンデルセンの議論に直接かかわるマルティン・ハイデガーとハンス・ゲオルク・ガダマーの解釈学的循環に関する記述をながめておこう。

解釈学的循環の位置づけに決定的な転換をもたらしたハイデガーは、解釈における全体と部分の循環について、次のように述べる。「……この循環のうちにひとつの誤謬を見て、これを避けようとするさまざまの道を待ち設けたり、いやむしろこれを、避けられない不完全さだと〈痛切に〉『感じ』るのは、了解する働きを根本から誤解しているのにほかなりません。（中略）解釈の働きを可能にする根本の諸制約を充たすことはむしろ、その働きをば、予めその本質上の実施諸条件に関して見損わないという点に存するのです。決定的なことは、循環から脱けだすことではなくて、そのなかへと、正しい仕方で入り込むことです」（Heidegger, 1935=1961: 57）。すなわち、ハイデガーは、解釈学的循環をある種のアポリアと捉えてそこから脱することを目指すのではなく、逆にその循環においてこそ本来的な仕方で理解が遂行されると論じたのだった。

さらに、ハイデガーの門弟であるガダマーは、その議論を敷衍するなかでこう述べる。「したがって、循環は形式的な性質のものではなく、また、主観的なものでも客観的なものでもない。循環的理解は伝承の動きと解釈者の動きが互いに他に働きかける関係である。テクスト理解を導いている意味の天啓は主観性の行為ではなく、理解する者を伝承と結びつけている共同性から規定されている」（Gadamer, 1975=2008: 461）。解釈のプロセスが当該プロセスを通して創出されていく「共同性」によってこそ規定されるものであるというこの指摘は、ガダマーの慧眼である。それはテクスト解釈の域を超え、アンデルセンを含む広く社会構成主義的な認識論にもつながる議論だろう《註33》。

アンデルセンは、こうした解釈学的循環をめぐる哲学的議論を、自身の会話実践を理解するための一つの足場として位置づけた。アンデルセンにとって、解釈学的循環の概念が表すのは、「われわれはわれわれによって生きられた生の枠組みにおいてわれわれの生を生きる」（Andersen, 1996: 119）ということである。

敷衍しよう。われわれはわれわれが見聞きするものを通して理解にいたるし、見聞きする際、われわれが見ようとし、聞こうとするものを見聞きする（逆に、見よう、聞こうとしないものは見聞きしない）《註34》。

それは、われわれの生きる世界があまりに豊かであるがゆえに、われわれが見聞きし得るよりも、はるかに多くのものがつねにそこに含まれるためである。しかも、人生における意味や感覚は、つねに一瞬ごとに変化し続けるため、その流れのうちにあって何かを掴もうとすれば、見え、聞こえるもの(同時に、見えぬ、聞こえぬもの)を選択せざるを得ない。

ガダマーは、これを先入見(Vorurteil)と呼んだ。この先入見は、一般に「偏見」という言葉が用いられる際に想起されるような否定的色づけを持つものではなく、肯定的にも否定的にも評価され得る概念である。本論考においてアンデルセンは、ハイデガーに倣い先行理解(preunderstanding)という

《註33》本論考においては直接参照されていないが、こうした解釈学における議論を実際のコミュニケーションの場に適用することについて、ガーゲンの以下の主張が参考になるだろう。「すなわち、言語やテキストそれ自体は意味をもたないし、それだけではコミュニケーションは不可能である。言語が意味を生成するのは、人間の相互作用の領域に位置づけられることによってのみである。意味する力を言語に与えるのは人間の交流であり、したがって、人間の交流こそが検討の中心に据えられなければならない。要するに、テキスト性は共同性に置き換えられなければならない」(Gergen 1994=2004: 352)

《註34》言うまでもなく、これは意図的選択の次元の話ではない。見まいとして(あるいは見まいとすることで)見てしまうといった事態もまた、見ようとしていることにほかならない。すなわち、ここでの見る、聞くという選択のプロセスは、あらかじめ存在する確立した主体によって能動的になされるものではない。むしろ、見る、聞く(あるいは、見ゆ、聞こゆ、と記述する方がより適切かもしれないが)という選択のプロセスを通して、それ自体かつて生きられた何らかの「生の枠組」を足場としつつ、いまここでさらにわれわれが構成され、浮かび上がっていくようないわば中動的事態である。

う言葉を用いている。先行理解のあり様は、その人生に応じて人それぞれに多様であるにせよ、それなしにあることは、われわれにとってそもそも不可能だろう。

ただし、われわれにとって避けがたい先行理解は、それ自体として決して不変なものではない。われわれがわれわれの生を生きている以上、そこにはつねに変化の可能性がはらまれていようし、新鮮な他者との出会いは、その変化を不可避とするだろう。アンデルセンは、「われわれが何かしらある人に固有なことを理解しようとし、あるいは、そうする必要があるなら、これまで決して見聞きしたことがないような何かを見聞きするだろう。そして、この新たな経験は、われわれの先行理解にフィードバックされ、それを微妙に変化させるかもしれない」(Andersen, 1996: 120) と述べている。

アンデルセンが解釈学的循環という言葉で表すのは、こうした「先行理解と固有なものの理解とのあいだの循環的関係」として生じるダイナミックな相互作用の動態である。すなわち、われわれがわれわれの生を生きることを通して、われわれの先行理解も日々新たに形づくられていく。このような立場からセラピーに臨むとき、クライアントとセラピストの会話は、双方がそれぞれの有する経験に基づき、互いに重要な影響を及ぼし合う「ともにある」関係、その会話のうちで世に処する (being-in-the-world) 別様のあり方をともに導いていくようなかかわりとなる。

「先行理解と固有なものの理解とのあいだの循環的関係」をめぐって、本論考では、ことばをめぐる仮説が三つ提示されている。

(1) **われわれは、動きのうちに、感覚のうちに、ことばのうちにある。** この仮説は、われわれが動きや感覚やことばを自身のうちに有しているのではなく、その逆であることを指摘している。われわれがそれら（動きや感覚やことば）を形づくるのでなく、それらがわれわれを形づくる。

(2) **話すことは、情報を伝え**（informing）、**形づくる**（forming）。話すことは、話し手自身と聞き手である他者の双方に情報を伝える側面を有するが、同時に、ことばを探求することを通して何らかの意味へと至り、形づくる側面も有する。また、こうした探求を行うことは、意味を形づくるのみならず、その瞬間において、その人が世に処するあり方を形づくることにもなる。そこでは、唯一の自己でなく、多数の自己が発話の変化に応じて生み出される。

(3) **ことばは手のようである。** ことばは探求する手のようなものであり、それは意味をつかむ。そのため、ことばの選択は、われわれが到達する意味に影響を及ぼす。すなわち、ことばはイノセントではない。思考がことばを介して他者に運ばれるのではなく、考えを見出すためにわれわれはことばを通して探求する。それゆえ、その人を形づくるうえで、どんなことばを用いて探求がなされるのか、という問いは、決定的なものとなる。

以上のような仮説を提示した後で、アンデルセンは、こう問いかける。「もし、われわれ専門家がセラピー的会話を専門家のことばやメタファーのうちに位置づけようとするなら、何が生じるだろうか。もし、専門家のことばが、失敗や欠点を記述することばから成る、いわば欠陥言語であるなら、何が生じるだろうか。それによって、どんな種類の人間が形づくられるだろうか」（Andersen, 1996: 122）。われわれがことばのうちにある存在であるとすれば、失敗や欠点を記述することば、すなわち欠陥言語《註35》が専門家間において飛び交い、また、専門家がその専門的知識の適用対象とみなす人々に向けて欠陥言語を投げかけ、浴びせかけ続けるような場において、人々がいかなる世に処するあり方を形づくることになるかは、実に自明のことだろう。

すなわち、アンデルセン流の解釈学的循環をセラピー的会話場面に適用するならば、決してイノセントではあり得ないことばに対する感受性こそ、専門家の側に要請されることになる。本節第二項で引いた「クライアントと専門家が対等になれるとは思わない」というアンデルセンの発言に、こうした含意も込められていることをあらためて確認しておきたい。

二年後、一九九八年に刊行された雑誌論文（Andersen, 1998）において、ことばをめぐるアンデルセンの仮説は、さらに拡張される。それは、たんに新たな項目が増えたということではなく、そのパースペクティヴが広がり、奥行きが生じ、新たな視点が加味されているようでもある。次章に見られるように、これらの仮説は、二〇〇七年の論文において、なお一層の変化、豊饒化を確認できるのだが、まずは、ことばと声をめぐる一九九八年時点での仮説を見ておこう。これらの仮説を導く際に、アンデルセンは、自身の実践を通した経験と、ルートヴィヒ・ウィトゲンシュタイン、レフ・ヴィゴツキー、ジャック・デリダ、ミハイル・バフチンらの言葉を参照したと述べている。

(1) ことばは、あらゆる種類の発話からなる。それは言語でもあり、身体活動でもある。

(2) ことばは、われわれが意味を創出する手段である。それは一方で可能性を開き、他方でわれわれの理解を制約する。

(3) 表現されたものの「背後」や「下」には何もない。あるのはただ表現されたもののみである。

(4) ことばの活動が先にあり、それから思考が生じる。表現が見出されたとき、思考（意味）が生じるのである。

(5) ことばは、まず外からやって来る。二、三歳までの子どもは、社会活動の一部として大人の言葉を学ぶ。当初はその音をまね、その後、一人遊びをしながら言葉を自分のものにする。そうして、ことばは個人的なものとなる。ただし、それは周囲の環境からもたらされるものであるゆえに、決して私的なものとはならない。遊びと同時に生じる発話がなくなると、子どもの内的会話が確立する。このとき、その子どもは、ことばを伝えるための外なる声と内なる声とを持つ。なお、内なる声の選択は、ひとつの瞬間に生じ、次なる瞬間には、別の声が選ばれ得る。

(6) ある人の発話、たとえばひとつの言葉は、それが認識（体験）されるとき、その人が以前体験した何かを再体験させる。それゆえ、同じ言葉が別の人には全く異なる意味をもたらす。

(7) ある人の発話は、何かしらその人について、他の人やその人に伝えるという点で情報を伝える（informative）ものである。

(8) それに加え、発話という活動は、その人の思考や意味ばかりか、その人全体をつくり上げるゆ

《註35》アンデルセンによれば、「欠陥言語（deficiency language）」について最初に言及したのはガーゲン（Gergen, 1990）であり、さらに、グーリシャンが一九九一年、アンダーソンとともに主催した会議の予告や講演原稿（このとき、すでに病床に伏していたグーリシャンは会議に出席できず、アンダーソンが原稿を代読した）においても論じられている（Goolishian, 2017）。

えに、形づくる（formative）ものである。その発話が生じた瞬間に、その人の世に処するあり方（being-in-the-world）が創出される。

(9)　言葉が公けに発せられるとき、それらは極めて強力なものになるだろう。空想やフィクションも、それについて十分に話されるなら、一つの事実として存在し始めるかもしれない。

全体として見るなら、これら仮説群は、アンデルセン流の解釈学的循環を拡張し、いくつかのポイントについてその解像度が増したものとなっているように見える。はっきりと確認できる変化の一つは、「外言―自己中心的ことば―内言」という三段階の発達を論じたヴィゴツキーからの影響が顕著な(5)の仮説に見られる外部環境、社会関係への注目だろう。アンデルセンがその臨床実践の当初から、病院を出て地域に赴き、さまざまな文脈の内にある存在として人間を見つめてきたことは、第一章において紹介した通りだ。そうしたアンデルセンの視点が、個人の発達を社会的文脈から切り離しがたいものと見るヴィゴツキーの理論《註36》と親和性の高いものであることは、あるいは当然かもしれない。

一九九六年の論考では、「先行理解と固有なものの理解とのあいだの循環的関係」に焦点化していたその記述が、一九九八年のこの論考では、さらに、そうした循環の生じる場としての環境、社会関係、すなわちコミュニティの次元をも含むパースペクティヴへと拡張されていることも確認できる。それは、「先行理解（pre-understanding）」「固有なものの理解（understanding the particular）」「コミュニティにおける会話（the community's conversations）」という三つを見渡す視点への展開である。新たに加えられた視点、コミュニティに着目することの重要性を、アンデルセンは、次のように説明している。「われわれの内なる会話は外なる会話に調和し、われわれの外なる会話はわれわれが属するコミュニティにおける会話の一部をなす。これらコミュニティにおける会話は、ある種のことばを中心化し、他のことばを周縁化する力を有するゆえに重要なものである」(Andersen, 1998: 77)

一九九八年の論考のタイトルにもなっている「意味創出をめぐる五行一文」にも、そうしたパースペクティヴの拡張が見てとれる。それは、五つそれぞれの行がことばによる意味創出の異なる水準を表す次のような一文である(Andersen, 1998: 78)。

The communities regulate
the formulations (language) of
the stories (meanings) of
the distinctions (what one see and hear) of
the event (episode, moment, problem etc).

日本語にするなら、行の順序は逆転してしまうが、次のようになるだろう。

《註36》後の論考のなかでアンデルセンは、ヴィゴツキーの議論についてこう言及している。「言語が、彼らもまたそれを他者から受け取ったように、親やその他の人々によって子どもたちに与えられると述べるヴィゴツキーは、ことばを文化や社会からの子どもへの贈り物とみなしていた」(Andesen 2007: 85)

その出来事（エピソード、時機、問題など）をめぐる
さまざまな区別（見聞きされるもの）をめぐる
さまざまな物語（さまざまな意味）をめぐる
さまざまな定式化（ことば）を
さまざまなコミュニティが統制する。

傍点で強調されている単数／複数の差異に注目して読み解くなら、ひとつの出来事はさまざまな区別に導かれ、ひとつの区別はさまざまな物語に導かれ、ひとつの物語はさまざまな定式に導かれ、ひとつの定式化はさまざまなコミュニティに導かれるということだ。さらに、テクストとその文脈（コンテクスト）の関係でいえば、ある出来事の文脈としての区別、ある区別の文脈としての物語、ある物語の文脈としての定式化、ある定式化の文脈としてのコミュニティがそれぞれに多様なのであって、われわれが生きて世に処する日々時々の局所では、つねに何らかの文脈の選択が避けがたく、そして、多層的になされている、ということが確認できるだろう。

本章のエピグラフに掲げた「僕はいつも、もっと大きな文脈を探している」というアンデルセンの言葉を想起するなら、より大きな文脈を見出し、その文脈を問い直し続けた彼が見晴るかしていた世界のありようを、この五行一文に透かして見ることもできるかもしれない。

第五項　会話の倫理

「存在論以前の倫理」（二〇〇一年）(Ethics before ontology: A few words)
「見えなく、聞こえなくさせる瞬間と脅かされる未来」（二〇〇二年）(Blinding and deafening moments, and threatening futures: In the wake of September 11)

「存在論の次元に倫理の次元が先だっている」（Lévinas, 1961=2006: 46）と宣したレヴィナスに言及することから始まる二〇〇一年の短い論考において、アンデルセンは自身の会話哲学における倫理を開陳している。そこでは、情報を伝えること（informing）と形づくること（forming）について、あらためて次のように述べられる。「自らを表現することを通して、人は他者や自分自身に情報を伝える（informing）のみならず、実際、その瞬間において自分自身を形づくり（forming）、おそらく、次の瞬間にはいくぶんか異なる自分自身を形づくっていく。聞き手として、私は他者の自己形成に立ち会うのである。このとき、私にはしばしば、自分が神聖な場にいるように感じられる」（Andersen, 2001: 12）。そう。アンデルセンにとって、ことばの内にあること、会話の内にあることは、そこで何事かが表現されることを通して、表現する者が新たに形づくられてゆく神聖な場に立ち会うことにほかならなかった。

しかし、セラピーの場であれ、研究の場であれ、われわれは容易にそこにあるものを理解しよう、説明しよう、さらには、その問題を解決しようと躍起になり、そこにあるものといかにつながるかという最も大切なことを見失ってしまう。そうした状況に対して、アンデルセンが提示するひとつの倫理的なあり方は、「協働を開始する前に、いかにわれわれが協働し得るのかを他者と話し合う」(Andersen, 2001: 12)という実にシンプルな、しかし、実に容易になおざりにされがちな振る舞いである。

そのために手がかりとなる彼の三つの構えが紹介されている。

(1) 僕は、話したがっている人すべてと話したい。けれど、それよりもっとずっと大切なのは、話したがっていない人とは話さないことだ。

(2) 僕は、話したがっている人の話したいことについて話したい。けれど、それよりもっとずっと大切なのは、彼らが話したくないことについては話さないことだ。

(3) 僕は、他者が話すにまかせるのを好む。だから、僕は彼ら自身が好むことばのうちで形づくられる。

もし、そんな会話の中で誰かが緊張を生じさせ、さらには、その場にいる誰かを不快にするようなことを言い始めた場合には、その場に立ち会う者として、「この話題について、誰が、誰と、どんなふうに、どんな文脈で、いつの時点で話せるだろうか」と自問し、また、参加者全員の尊厳が守られるような答えを皆で見つけるために、それについてオープンに問いかけることができるだろう。こうした、いわば「他者との協働以前の協働」こそ、コミュニケーションをその文脈において裏切らない実践としてのリフレクティングの倫理の要といえる。
この論考の最後に、アンデルセンは次のようなグーリシャンの言葉を引いている。「何をするかに専念するのではなくて（なぜなら、とても多くのことがあるから）、なすべきではない少数のことに専念せよ！」。アンデルセンがなすべきでないと考えていた最も重要なこととは、つねに他者を辱めないこと。実にシンプルなことだ。
しかし、そもそもそうした会話の場が根こそぎにされてしまうような現実も、この世界にはあるのではないか。二〇〇一年九月一一日、世界に衝撃を与えたアメリカ同時多発テロ事件のニュースを、訪問中のロシアで目にしたアンデルセンは、二〇〇二年の論考のなかで、その瞬間に呼び起された自身の内なる声について語っている。「もし、人がもはや生きる権利を保持することを期待できないなら、全ては絶望的だ」。しかし、この最初の声は、すぐにそれと平衡する別の声を呼び起こしたという。「僕らは続けなきゃいけない。あらゆる人が自身の生命を生きる権利を保持していると訴えなければ。けれど、僕らは今や違ったふうに続けなくちゃいけない」(Andersen, 2002: 11)
衝撃的な出来事が引き起こす恐れ、怒り、痛みが、われわれを見えなく、聞こえなく、話せなくさせる瞬間、そのときこそ、われわれは高く舞い上がって、平衡をもたらし、願わくは未来への脅威を減少させるようなパースペクティヴを探求すべきだとアンデルセンは訴える。そして、そうしたパースペクティヴから眺めるとき、ジョージ・ブッシュとウサマ・ビン・ラディンは、それぞれの神にそれぞれのやり方で祈りを捧げるそれぞれの者として立ち現れる。それぞれの神は異なれど、彼らの祈りのことばには類似したところがある。すなわち、イスラム教徒もキリスト教徒も、「あれかこれか

るだろう。

(either-or)」のことばで祈り、生きている。そこでは、一方が正しく、他方は間違っていることにな

しかし、世界には別種のことばもあることをアンデルセンは指摘する。それは例えば、ヒンドゥー教の「あれもこれも(both-and)」のことば。ある者の言うことも、別の者の言うことも、そこでは有用である。また、仏教の「あれでもなくこれでもなく(neither-nor)」のことば。ある者の言うことも、他の者の言うことも、そこではすべてを言い得てはいない《註37》。アンデルセンは、「あれかこれか」の見方に、「あれもこれも」、そして、「あれでもなくこれでもなく」の要素をいくらか加えるなら、どんなことが生じるだろうか、と問いかける。それは、「あれかこれか」ではなく、かといって「あれもこれも」でも、「あれでもなくこれでもなく」でもないようなあり方へとわれわれを誘うかもしれない。

当初、南アフリカの編集者がこの論考をアンデルセンに依頼した際のテーマは、「ワールド・セラピー」であったという。アンデルセンは、その言葉が自分には大きすぎるし、狭すぎると述べている。たしかに、彼にとって「ワールド」はそれを論じるには大きすぎると感じられたろうし、「セラピー」は彼の実践を表現するには狭すぎただろう。彼が関心を持っていたのは、「世界が日々の問題とつき合っていくのに、僕らはどんなふうに役立てるか」ということだ。その可能性を具体的に示す二つの経験がここでは紹介されている。

一つめの経験では、ある男性のとても暴力的なふるまいが原因で、セラピストや彼女のチームは、その男性に会いたがらなかった。その男性についてのセラピストらの描写は、実にネガティヴなもの

だった。セラピストから相談を受けた際、アンデルセンは、「自分のふるまいが原因で排除されるおそれがあるとき、彼はより危険になるかもしれない」と考えたが、その考えは自分のうちに留めたという。それについて議論するのでなく、その状況が安全でないと感じているセラピストの心配、そして、もっと守られ、安心したいという彼女の希望について会話することを選んだのだ。

セラピストらと三〇分ほど話した後、初めてその男性の話題に焦点があてられる。「彼が非難され

《註37》第二章に訳出した一九八七年の論文において、アンデルセンはすでに「あれかこれか」に対して、「あれもこれも」「あれでもなくこれでもなく」という観点を明確に提示していた。この二〇〇二年の論考では、さらに、「あれかこれか」がイスラム教やキリスト教に、「あれもこれも」がヒンドゥー教に、「あれでもなくこれでもなく」が仏教に結びつけられている。こうした宗教観の適否については、あえてここで論ずることをしないが、彼の会話哲学に通底する固有の論理に、西洋的ロゴスの論理を超え出る可能性がはらまれていることについて、少し指摘しておきたい。

アンデルセンが自身の実践のなかで体得したその論理を理解するうえで、西田幾多郎のもっとも古い弟子の一人である山内得立がかつて提示したロゴスとレンマをめぐる議論（山内 1974）が参考になると思われる。山内によれば、西洋の論理であるロゴスが同一律、矛盾律、排中律の三者からなるのに対して、東洋の論理であるレンマは、（一）肯定、（二）否定、（三）肯定でも否定でもないもの、（四）肯定でもあり否定でもあるもの、という四つの論からなる。ここで山内が大乗仏教の大成者として知られる龍樹の「中論」に照らして、両否の論理である第三のレンマこそ、この論理全体の中心と位置づけていることは、「あれでもなくこれでもなく」（と、それを前提とした「あれもこれも」）を体現する新たなコミュニケーションのありようとしてのリフレクティング・トークの特質や、以下に見られるアンデルセンの会話における構えについて考えるうえできわめて示唆に富む。

るとき、彼は一つの感情で応じるだろうか、混じり合った複数の感情で応じるだろうか」「混じり合った感情で」「彼は混じり合った感情を持ち続けるんだろうか、それらの感情は一つの感情に変わるんだろうか」「一つの感情に」「どんな?」「怒りよ」。その後、また一〇分ほど安心について話した後、再びその男性の話題にもどる。「あなたはこの男性が混じり合った複数の感情で応じていて、彼が怒ると人々を怖がらせると言った。もし、彼が悲しみや恐れの感情を表したら、人々は怖がるんだろうか」「いいえ、でも彼がそんな感情を示すことができるとは思えない」「もし、誰か彼のことを見放していない人がいたとすると、その人は彼が彼自身の悲しみを表すことができるために、どんなふうに彼と話せるだろう」。長い沈黙の後、彼女は言った。「彼が聞かれていないかもしれない、彼が今まで話を聞かれていなかったかもしれないと?」「それは彼が孤立しているということ?」アンデルセンは、「わからない。けれど、僕はそう思う」と。その後、アンデルセンがセラピストらとその男性に会い、彼の声と視点を含めて会話を進め、彼の暴力的なふるまいはなくなったという。

アンデルセンはこのときの経験について、まずセラピストが彼女自身の考えを聞きとられ、話したいことをすべて話したと確信できるまで、しっかりとそこに留まることが大切だったと述べている。そのようにして初めて、もう会いたくないと思っていた男性の視点について考える準備ができるのだから。

もう一つの経験では、やはりセラピストたちによって、とてもネガティヴに説明された男性について、アンデルセン自身、いったんは「とても会うことができない」と考えた後、「あらゆる人が良い面も持っている。僕は彼の暴力的でムカムカする部分を忘れることなく、彼の良い面につながらなくては」と思い直して面談する。自分自身のうちに二つの異なる声が同時に生じるのを許したわけだ。

男性の妻からの強い苦情を聞いた後、アンデルセンは彼に尋ねる。

「あなたが時々かなり強硬に、乱暴にさえ行動する面を持っていると私は理解しています。それとは何か異なることを望んでいるあなたの別の面もあるのでしょうか」

「はい。でも自分で自分をコントロールできません」

「しかし、別の面はある？」

「ええ」

「もし、その別の面が声を持つなら、何と言うでしょう」

「家族のことを考えろ。それがお前の全てだ。お前の家族を守るんだ！」

「声には家が必要です。あなたの身体の中で、乱暴な瞬間の声をどこに位置づけますか」

「頭の中に」

「その声はいつも頭の中にいるんでしょうか、身体の別の部分にも動いていくんでしょうか」

「頭の中に留めたい！」

「じゃあ別の声、『家族のことを考えろ』という声は、身体のどこに位置づけましょうか」

「胸に」

彼の妻は、頷きながらその言葉を聞いていた。

この経験を踏まえ、アンデルセンは、対極的でありつつバランスをとる内なる声たちが共存できること、そして、そのいずれか一方が他方をコントロールするように促さないことが大切であると述べている。

決して、いずれかの「望ましい」声だけが促されることなく、どの声もそれぞれの場所で生きられること。会話に参加するあらゆる声が辱められることなく、互いに「あれかこれか」「あれもこれも」「あれでもなくこれでもなく」のパースペクティヴを融通無碍に行き来すること。外なる会話のみならず、内なる会話においてもそうしたことが許されるなら、この世界はどんなふうにさまざまな日々の問題とやっていけるだろうか。

文献

Andersen, T. (1989). Back and forth and beyond. *Australian and New Zealand Journal of Family Therapy, 10*(2), 75-76.

Andersen, T. (1992). Relationship, language and pre-understanding in the reflecting processes. *Australian and New Zealand Journal of Family Therapy, 13*(2), 87-91.

Andersen, T. (1993). See and hear, and be seen and heard. In S. Friedman (ed.). *The Language of Change.* The Guilford Press, pp.303-322.

Andersen, T. (1995). Reflecting processes: Acts of informing and forming. In S. Friedman (ed.). *The Reflecting Team in Action,* The Guilford Press, pp.11-37.

Andersen, T. (1996). Language is not innocent. In F. Kaslow (ed.). *The Handbook of Relational Diagnosis,* John Wiley and Sons, pp.119-125.

Andersen, T. (1997). Researching client-therapist relationships: A collaborative study for informing therapy. *Journal of Systemic Therapies, 16*(2), 125-133.

Andersen, T. (1998). One sentence of five lines about creating meaning: In perspective of relationship, prejudice and bewitchment preliminary attempts to explicate some thoughts that everybody already have somehow thought of. *Human Systems, 9*(2), 73-80.

Andersen, T. (2001). Ethics before ontology: A few words. *Journal of Systemic Therapies, 20*(4), 11-13.

Andersen, T. (2002). Blinding and deafening moments, and threatening futures: In the wake of September 11, 2001. *Family Process, 41*(1), 11-14.

Andersen, T. (2006). The network context of network therapy: A story from the European Nordic North. In A. Lightburn & P. Sessions (eds.). *Handbook of Community-Based Clinical Practice.* Oxford.

Andersen, T. (2007). Human participating: Human "being" Is the step for human "becoming" in the next step. In H. Anderson & D. Gehart (eds.). *Collaborative Therapy: Relationships and conversations that make a difference,* Routledge, pp.81-93.

Anderson, H. (2007). Tom David Andersen: Fragments of his influence and inspiration. *Journal of Marital and Family Therapy, 33*(4), 411-416.

Anderson, H., Jensen, P. (eds.). (2007) *Innovations in the reflecting process.* Karnac.

Epstein, E. & Andersen, T. (2002). Ode an Harry. *Kontext, 33*(4), 318–337.

Gadamer, H. G. (1975). *Wahrheit und Methode: Grundzüge einer philosophischen Hermeneutik,* 4. Auflage. J.C.B Mohr.（轡田収・他＝訳（1986, 2008, 2012）『真理と方法（I）（II）（III）』法政大学出版会）

García, A. G. (2007). Walking along. *Focus, 35*(3), 217-220.

Gergen, K. J. (1990). Therapeutic professions and the diffusion of deficit. *The Journal of Mind and Behavior, 11*(3, 4), 353-367.

Gergen, K. J. (1991). *The Saturated Self.* Basic Books.

Gergen, K. J. (1994). *Realities and Relationships: Soundings in social construction.* Harvard University Press.（永田素彦・深尾誠＝訳（2004）『社会構成主義の理論と実践――関係性が現実をつくる』ナカニシヤ出版）

Goolishian, H. A. (2017). The dis-diseasing of mental health. *Journal of Systemic Therapies, 36*(1), 69-78.

Hald, P. M. (2007). Stille i tårnrommet. *Focus, 35*(3), 220-223.

Heidegger, M. (1935). *Sein und Zeit,* 4. Aufl. Max Niemeyer.（桑木務＝訳（1960, 1691, 1963）『存在と時間（上）（中）（下）』岩波書店）

Ianssen, B. (red.). (2015). *Bevegelse, liv og forandring: praksisnære beskrivelser av psykomotorisk fysioterapi.* Berit Ianssen.

Lévinas, E. (1961). *Totalité et Infini: Essai sur l'extériorité.* M. Nijhoff.（熊野純彦＝訳（2005, 2006）『全体性と無限（上）（下）』岩波書店）

Rautiainen, E-L., & Seikkula, J. (2009). Clients as co-researchers: How do couples evaluate couple therapy for depression? *Journal of Systemic Therapies, 28*(4), 41-60.

Seikkula, J., Arnkil, E. A. (2006). *Dialogical Meetings in Social Networks.* Karnac.（高木俊介・岡田愛＝訳（2016）『オープンダイアローグ』日本評論社）

Seikkula, J., Olson, M. E. (2003). The open dialogue approach to acute psychosis: Its poetics and micropolitics. *Family Process, 42*(3), 403-418.

Videncenter for Socialpsykiatri (2007). *Åbne samtaler: snak ikke om det usnakkelige: interview med professor Tom Andersen og professor Jaako Seikkula.*（＝矢原隆行監修（2017）『オープンな会話――話されないことについて話さない』DSSA）

Wächter, A. (ed.). (2006). *Samforskning: att lära av klienten.* Falun: Mareld.

Wagner, J. (1998). Are dialogical conversations possible behind WALLS? *Human Systems, 9*(2), 95-112.

Wagner, J. (2009). Reflections on reflecting processes in a Swedish prison. *International Journal of Collaborative Practices, 1*(1), 18-30.

Young, J., Perlesz, A., Paterson, R., O'Hanlon, B., Newbold, A., Chaplin, R. and Bridge, S. (1989). The reflecting team process in training. *Australian and New Zealand Journal of Family Therapy, 10*(2), 69-74.

矢原隆行（2016）『リフレクティング――会話についての会話という方法』ナカニシヤ出版

矢原隆行（2017a）「北欧の刑務所におけるリフレクティング・トークの展開」『更生保護学研究』10, 19-26.

矢原隆行（2017b）「ダイアローグのオープンさをめぐるリフレクティング」『現代思想』45(15), 138-145.

山内得立（1974）『ロゴスとレンマ』岩波書店

第四章

リフレクティング・トークといってもいろいろ

これが僕のだ

Tom Andersen
Reflecting talks may have many versions:
Here is mine
(2007)

ベリートによる筆者への NPMP 施術

――このとき、二人のセラピストは「空気を受け入れて」と励ます。
それは「生命を受け入れて」というふうに聞こえる。
彼女たちはマッサージする手に反応する呼吸の動きに慎重に寄り添っていく。
やがて呼吸が深くなり、空気が流れるようになると、彼女たちは満足する。
彼女たちの手が慎重すぎると、呼吸の反応は起こらない。
でも、手が急ぎすぎたり強すぎたりすると、
大きく息は吸い込まれるかもしれないが、呼吸は止まり、吐き出されない。

（撮影／渡邉英昭）

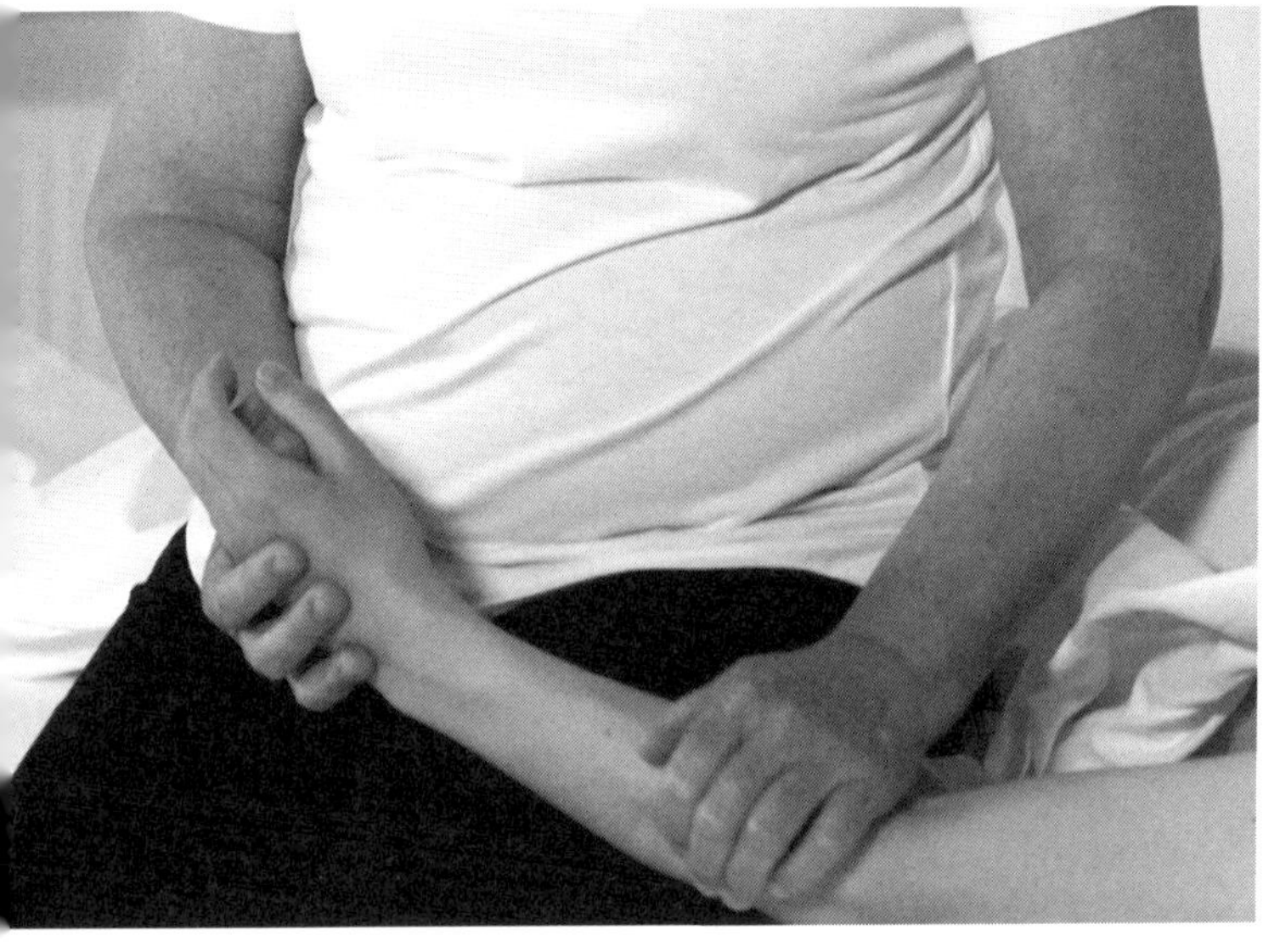

＊

本章は、*International Journal of Psychotherapy* 誌に発表された二〇〇七年の論文、Reflecting talks may have many versions: Here is mine の翻訳である。この原稿の内容は、二〇〇六年七月にケンブリッジ大学で開催された第一〇回英国心理療法協会（UKCP）・第一四回ヨーロッパ精神療法学会（EAP）での講演を基にしたものだ。ノルウェーの海岸沿いの岩場を愛犬と散歩中、不慮の事故に見舞われたアンデルセンが急逝したのが二〇〇七年五月のことゆえ、期せずして、彼の最晩年のことばとしてわれわれに遺されたものである。

論文とはいえ、その文章は、ときに親しみの感じられる真摯な口調でこちらに語りかけてくるようであり、内なる会話の宇宙をたゆたうようなその語り口を通して、彼の彷徨の豊かな足跡を目の前に広げてみせてくれているようでもあり、ときに詩的な閃きを伴ってわれわれをまだ話されたことのない会話へと導くようでもある。

内容においても、本稿はこの時点におけるアンデルセンの会話哲学の集大成といってよい。その歩みにおいて、繰り返しアンデルセンがそうしてきたように、本稿もまた、それが書かれた地点からながめたリフレクティング・チーム誕生に至る彼の歩みや、彼のリフレクティング・トークが含意する会話哲学のエッセンスに触れることができる記述となっている。本書でのこれまでの記述を踏まえて読むなら、そこに表現されている彼のさまざまな実践について、いくらかその文脈を含めて味わうことができるかもしれない。また、前章で紹介したそれぞれの時期のことばをめぐる仮説と読み比べるなら、彼が実践と思索を重ねて探求し続けたそれらの仮説が、じっくりと地下に根を張るように深められ、上空に枝を伸ばすように広がっていく様を見て取ることもできるだろう。

はたして、この先に彼がいかなる歩みをなしたことか、二〇〇七年五月のその未来のひとつであるわれわれの現在から想起しつつ、そこに潜在する未来の可能性を見晴るかしたい。

Andersen, T. (2007). Reflecting talks may have many versions: Here is mine. *International Journal of Psychotherapy*, 11(2), 27-44.

リフレクティング・トークといってもいろいろ――これが僕のだ／トム・アンデルセン

要旨――リフレクティング・トークといってもいろいろになってきたので、「僕のやり方」を明らかにしておきたい。リフレクティング・トークは三つのパートからなる。はじめの会話、リフレクトする会話、そして、リフレクトする会話への応答だ。はじめの会話で、クライアントは何について話すのか、それをいかに話すのかに関する決定権を持つ。セラピストはクライアントの言葉に寄り添い、セラピストのメタファーを持ち込まないで、クライアントにとって重要な言葉と思われるものにとりわけ敏感になる。リフレクティング・トークはクライアントの発した言葉にもとづいてなされ、決してセラピストがその言葉について考えたことにもとづいてはならない。コメントや反応は質問の形でなされ、クライアントの意図を探るようなことはしない。（※本稿は、二〇〇六年七月にケンブリッジ大学で開催された第一〇回英国心理療法協会／第一四回ヨーロッパ精神療法学会における講演を基にしたものである）

イントロダクション

ここで言及する「リフレクティング・トーク」のサイコセラピーは、いろいろあるうちのひとつだ。

僕のやり方で特徴的なのは、セラピーでのダイアローグが進行するなかで、間と再考を重視すること。

理論や方法については本稿では触れない。それをしないということについて少し述べよう。理論にまつわる問題については、言うべきことがたくさんある。理論（theory）は「見ること」を意味するギリシャ語の動詞「*theorein*（θεωρεῖν）」、「異国の光景の記録を持ち帰るために送られた使節」を意味するギリシャ語の名詞「*theors*（θεωρός）」に由来する。理論は「見る」に深く関わっているし、見るとは見えるものを見ることだ。現実の三つの側面のうち二つは見ることができる。ひとつは動かないもの、もうひとつは動くもの。前者の例は山、後者の例は（たとえば山を）歩く人。三つ目の側面は見ることができない。たとえば山を歩くその人の寂しさ。僕らは彼の寂しさを見ることはできないけれど、彼の外見や動きを通して僕らに影響する彼の寂しさを身体のうちに感じることができる。僕らは寂しさとは何かについて理論じゃなく仮説をもつことができる。ここでは「仮説」は理論よりも大きな言葉だ。実際、仮説はその理性的部分に理論を含むし、それだけじゃなくて感覚的な部分も有している。方法についてもここでは触れない。方法にまつわる問題は、それらが実践の生じている時と場所ではなくて、別の文脈、別の時点であらかじめ計画されたものだということだ。

リフレクト

リフレクトはラテン語で折り重ねることを意味する「*re-flectere*」に由来する。「何か」をこの「何か」に折り重ねるというのはつなぐことで、「折り重ねる」ことはもともと表現されていた「何か」にあらためてつないで影響を与えることだと思う。

すぐに感じたこと

一九八五年三月、僕らがはじめてリフレクティング・トークをやったとき、すぐに感じたのは、僕らがそれまでやってきたどんなこととも違っているということ、そして、それをまた「やりたい」ということだ。一九八七年、『ファミリー・プロセス』誌に最初の論文を発表する前、僕は考えた。こうした会話は燎原の火のように広まるだろうし、たくさんのやり方で使われるだろう。あるいは誤用されるかもしれない。それで僕は自問した。誤用を減らすために飛び回る気はあるか、って。答えは「イエス」だったから、論文を書いた。あるアイデアが解き放たれたら、誰もがそれを「所有」できるし、自分のものに作り変えることもできる。たった一人がアイデアを占有して、それをオープンにせず固守するのは良くないことだ。

僕たち

僕ら「トロムソ・グループ」でリフレクティング・トークに参加したメンバーはたくさんいて、それぞれに大事な貢献をした。「僕たちとは誰か」というのは変わっていくもので、ある者が来てある者が去った。僕自身はずっとそこにいた。この文章のなかで「僕たち」と述べたうちのいくつかは「僕」とも書けただろう。

居心地の悪さと疑問

居心地の悪さと疑問は、この特別なやり方を発展させるのに大いに役立った。居心地の悪さは、僕らがやったことへの相手の反応を受けとめるとき、身体の「内《うち》（in）」で感じるものだ。僕たちは、はじめに見て、聞いて、嗅いで、味わって、何らかの身体への刺激として感じたことを身体の「表面（on）」で体験する。この居心地の悪さは、ときに僕らを辱め、うんざりさせ、嫌にさせて、絶望や失望をもたらし、あきらめさせたりする。それで僕らは「もう二度とやるべきじゃない！」と考える。僕らははじめ、たとえば居心地の悪さのような反応として身体の表面で体験し、それから身体の内で体験する。そのあと、それを体験している瞬間に何が起きていたのかについて、言葉や明確な表現の助けを借りて理解することになる。疑問というものは、僕らのしたことを別な形でできたかもしれない、別な形で「すべき」だったかもしれない、といつも思い起こさせてくれる。信念を持つことなしに疑問を持つことが不可能なのと同様に、疑問を持つことなしに信念を持つことは危うい。疑うことと信じることは、二人の友人みたいに一緒に居なきゃならない。

僕のバージョンのリフレクティング・トーク

僕のバージョンのリフレクティング・トークは、ほかの多くのバージョンとともに発展してきた。けれど、僕のバージョン固有の「折り重ねる」ことは、ほかのバージョンには見られない何かを含んでいる。一九八五年の後の数年間、僕は「教えない」ことに専念していて、人々は自分たちなりのやり方を見つけないとならなかった。僕は、より広いパースペクティヴについて触れるだけだった。だけど、年月が経つなかで、ほかの人々のさまざまなリフレクティング・トークを体験して、そこでたくさんの可能性が失われていることに気づいた。いまはもっと僕のしていることを話すし、せめて僕がしないよう心掛けていることを話すようにしている。指示的にではなく。

歩み

「歩み」というのは、どんなふうにすべてが起こったのかを記述するために僕が好んで使う表現だ。キノコ狩りをするときのようなゆっくりした速さのこの歩みで、いくつかの岐路に出会った。人は両方の道に進むことはできないから、一方を選び、他方をあきらめなくちゃならない。あるいは、逆に一つの道を捨てることで、他方の道が歩むべきものとして残されるのかもしれない。僕の歩みのなかでは、たいてい後者だった。ある種のやり方をあきらめてきたということだ。そうした判断はたいてい感情的で、居心地の悪さにかかわっていた。僕の歩みは、田舎の一般医として始まった。

もっともありふれていること、もっとも難しいこと

もっともありふれていることと、もっとも難しいことが僕を悩ませた。もっともありふれているのは、痛みや緊張、動きづらい筋肉といったものだ。もっとも難しいのは、通常の話し方や考え方では事足りない状況での会話だ。

難民のように見えた

一九六〇年代、僕が一般医として仕事をしていた頃、遠く離れたところからトロムソの精神科病院にやってくる人々は難民のように見えた。こうした人々が家庭とのつながりをいったん断たれてしま

うと、それをつなぎなおせるとは限らなかった。このことへの合理的な反応は、つながりが断たれるのを防ぐため、僕らが「外へ」行けるようにしなくちゃならないということだった。彼らがどんなに家庭に焦がれているかを知って感じた居心地の悪さは、僕らを「外へ」と導いた。僕らは「センター（中央）に留まること」と名づけた道を歩むのをやめた。

勇気と恐れ

勇気と恐れもまた友人同士とみなすべきだ。勇気だけでも、恐れだけでも十分じゃない。両者は互いに支えあうためにいつも一緒にいるべきだ。勇気は、僕らが何に出会うか、どこにたどり着くかわからないようなときでも、曲がり角を曲がり、崖のふちから飛び降りるのを助けてくれる。恐れは、僕らが何かいつもと違うことをあえてやってみようとする前に必要とされる時間を確保して、ためらい、リフレクトするのを助けてくれる。

言葉

地域で人々が使う言葉は、僕らが病院施設のなかで使っていた言葉とは異なる。外では、僕らはその土地の日常的な言葉を使い、たいていはうまくいっていることについて話した。病院のなかでは、専門的な病理学の言葉によって、悪い点やうまくいかないことについて話していた。そんなふうに話すのは居心地が悪いので、僕らはそれをやめた。

変わりゆく関係のパースペクティヴ

変わりゆく関係のパースペクティヴは、この「脱出」からの自然な帰結だった。人々がしたり、言ったりすることは、他の人々が彼らにしたり、言ったりすることに関係していると僕らは理解したわけだ。人々の言うことが彼らの内部で生じていることに関係していると考えるような個体的パースペクティヴは背後に退き、捨て去られた。僕らは人々の内部に説明を探すよりも、話されたことが話されるその瞬間にかかわっているということを探求する方にはるかに興味を持った。それで、僕らは「なぜ」で始まる質問をやめた。かわりに、「誰が」「いつ」「どこで」「何を」「いかに」「もし」のような言葉を使う方がより自然になった。これらの言葉の組み合わせは、質問をとても力強いものにする。たとえば、「いつ」と「誰が」、「いかに」と「誰が」。「もし彼とじゃなければ誰と」といった具合に。

「あれかこれか」から「あれもこれも」へ

「あれかこれか」から「あれもこれも」への変化は、実践的にも哲学的にも劇的な転換だった。一九八〇年代の初頭、僕らは当時あたり前だったやり方に影響されていた。つまり、介入というやり方だ。多くのセラピストは、人々が自分たち自身の問題を扱うやり方では問題は小さくなることも治ることもなく、実際、人々の間違った問題解決の試みが問題を持続させてしまうんだと考えていた。たくさんのセラピストが未だにそんなふうに考えているだろう。けれど、二つの「大きな」質問、「問題は何ですか」「何をすべきですか」に答えさせるのは、しばしばとても難しい。前者への答えは「私たちの問題は、夫が頑固すぎることです」といったものかもしれないし、後者への答えは「話しても何にもなりませんから、話すのをやめてしまうんです」といったものかもしれない。こうした答え、すなわち意図や意見があり、僕らは「介入」でもってそれらを「攻撃」する。「あなたが考えたことに代えて、僕らはこんなふうに考えました」とか「あなたがやってきたことの代わりに、これをやってください！」という具合だ。優しい言い方ではあったと思いたいけれど、原則としてそんなふうに「介入」していたわけだ。そんなふうにして人々といることは、だんだんと居心地が悪く感じられたし、部屋にはしばしば緊張感があった。あとから考えれば、人々がなぜ、どうして僕らの介入を拒絶したのか理解するのは容易なことだ。僕らは実際のところ、彼らが彼らの人生をいかに生きるべきかを指示していたわけだ。一九八四年秋のある日、僕らは「あなたが考えたことに加えて、僕らはこんなことを考えました」「あなたがやってきたことに加えて、僕らのアイデアのうち、どれかを試してみたら、どうなるでしょう」と言い始めた。居心地の悪さと室内の緊張感は、ほとんどきれいに消え去った。「代わりに」から「加えて」への変化は些細なことに思えるかもしれないけれど、それは実際に「あれかこれか」から「あれもこれも」へ、また、何かを要求することから可能性を示すことへの移行だった。

変化は内から生じる

変化は外からではなく、内から生じる。僕らはたぶん気づかぬうちに、変化は外から来ると信じてしまっていた。それで僕は「平手打ち」をくらった。今でもヒリヒリしているけれど、そのおかげで変化について考えることができた。一九七六年、僕が大学で教授資格を得たとき、それは僕ら七人グループの出発点となった。メンバーは一人の心理士と三人の精神科看護師、三人の精神科医だ。グループは一次医療サービスのエリアで、そのサービスを担う人たちとともに精神的困難を抱えた人々に会った。これらのサービスはたいていコミュニティにおける一般医やソーシャルワーカーたちで構成されていた。僕らはその町の精神科病院への入院を減らせるよう望んでいた。精神科病院を担当する精神科医たちはこれを好まず、僕らを彼らのコントロール下に置こうとした。けれど、そのプロジェクトでは僕ら七人ができるだけ自由に働く必要があったし、政府による資金と支援が得られていた。地域の責任者たちは政府の補助金を断ることはできず、それで、プロジェクトは精神科医たちの賛同を得られないままに始まった。三年間のプロジェクト期間を終えた際には、病院への入院数の減少が明らかとなった。一次医療サービスのスタッフたちは僕らとの協働を気に入って、継続を望んでいた。地域の責任者は病院の精神科医たちに意見を求めた。そして、それを受けて責任者はプロジェクトの打ち切りを決定した。はっきりと「平手打ち」をくらったわけだ。無理もない。「代わりに」から「加えて」への変化が起きたいまとなってみれば、僕がその数年前にわかっていなかったことがわかる。つまり、個人であれ、家族であれ、組織であれ、生きているシステムというものは、内側からのみ、自身の理解と強さによってのみ変化することができる。多くの人は、助言を介してにせよ、指令、禁止、脅しや強制を介してにせよ、変化は外から来ると信じている。僕らはもうそんなことを信じていない。それでセラピーにおける戦略的なやり方は消し去らなきゃならなかった。

生きている

生きているものは生きているものとして扱われるべきで、死んだものとして扱われてはいけない。「生きているものに対するわれわれの態度は、死んでいるものに対する態度とはちがう。われわれの反応はすべて異なっている」(Ludwig Wittgenstein, 1953=1976: 284)。「あれかこれか」形式での僕らの記述は、家族を生きているものでなく静止したものとして扱わせる。ノルウェー人の理学療法家である二人の女性、まずグドラン・オブレベルグ、そしてアデル・ビューロー・ハンセンは、僕のさらなる「歩み」に大切な影響を与えた。「ありふれているのは、痛みと緊張、動きづらい筋肉だった」と先に述べた。二人はそのことについて僕に多くのことを教えてくれた。まず、筋肉には二つの働き、動きを生み出すことと動きを止めることがあるということ。つぎに、すべての動きは呼吸の動きに関係していて、それは身体の動きのなかで最も重要であること。もし僕らの身体のどこかが緊張していて、たとえば、舌を歯の裏側に圧しつけていると、腹部での呼吸の動きが止まっていることに気づくだろう。舌の力を抜くと、腹部の呼吸もすぐまた楽になる。

僕らは曲げるための筋肉を持っている。たとえば、膝の裏側や腰の前面に。そして、伸ばすための筋肉が膝の前面や腰の裏側にある。逆の働きをするこれらの筋肉が同時に活動することで身体はバランスが取れる。たとえばそれで僕らは立っていられる。何らかの人生の状況で、僕らが恐れを抱くときには、「しっかりしよう」としがちで、「曲げる」筋肉が「伸ばす」筋肉を圧倒してしまう。そうすると身体全体が縮こまってしまう。それと同時に呼吸はぎこちなくなる。ビューロー・ハンセンは二〇〇一年に亡くなったけれど、オブレベルグは元気に活躍している。彼女たちについて記述する際、僕は動詞の現在時制を使う。ビューロー・ハンセンは亡くなっても、彼女はまだ存在しているように思えるんだ。

緊張した筋肉は硬くて痛みを伴う。アデルとグドランはある種の筋肉のマッサージを創出した。それは痛みを生じさせ、筋肉を伸ばし、息を吸うことを促し、さらに筋肉を伸ばし、一層息を吸うことを促す。胸に空気が満ちるまでそうすると、息を吐くとき、身体の緊張は消えていく。筋肉の緊張を吹き飛ばすのはマッサージする手ではなくて本人の呼吸の動きだ。

このとき、二人のセラピストは「空気を受け入れて」と励ます。それは「生命を受け入れて」というふうに聞こえる。彼女たちはマッサージする手に反応する呼吸の動きに慎重に寄り添っていく。やがて呼吸が深くなり、空気が流れるようになると、彼女たちは満足する。彼女たちの手が慎重すぎると、呼吸の反応は起こらない。でも、手が急ぎすぎたり強すぎたりすると、大きく息は吸い込まれるかもしれないが、呼吸は止まり、吐き出されない。そんなとき、彼女たちはすぐに手を放す。こうした観察は、そのままサイコセラピーの領域に適用可能な原則として練り上げられた。もし、サイコセラピーにおける僕らの寄与がクライアントたちの会話に対してありふれたものなら、ほとんど何も生じないだろう。けれどもし、それが「適度」に変わったものなら、会話は生き生きとしたものになるだろう。もし、あまりに変わったものなら、そこには恐れや痛みが生じて、会話の流れは止まってしまうだろう。だから僕らは彼らの会話への関わり方を注視して、それが有意義なのかどうかよく見なくちゃいけない。つまり、僕らが話していることに彼らがどんなふうに反応しているのかを注視するということだ。

グドランと僕はアデルの仕事について本をつくった。僕らはまず彼女の動きを撮影してから、彼女と患者のあいだで起きているすべてのことを書き起こした（Øvreberg, 1986）。原稿を渡すと、それを開いて注意深く読みながら、彼女はしばしば驚きの声を上げていた。「だって、私がこんなことをやっていたとは知らなかったから。とっても面白いわ」。僕らは「だから書いたんだ」と応えた。彼女の言葉はウィトゲンシュタインを思い起こさせる。「たとえば、われわれが『ゲーム〔遊戯〕』と呼んでいる出来事を一度考察してみよ。（中略）何がこれらすべてに共通なのか。――『何かがそれらに共通でなくてはならない、そうでなければ、それらを〈ゲーム〉とはいわない』などと言ってはならない――それらすべてに何か共通なものがあるかどうか、見よ。――なぜなら、それらを注視すれば、すべてに共通なものは見ないだろうが、それらの類似性、連関性を見、しかもそれらの全系列を見るだろうからである。すでに述べたように、考えるな、見よ！」（Wittgenstein, 1953=1976: 69）

アデルの目と手はよく調和して動き、それらは彼女の思考の助けなしに働いているようだった。彼女はそんなすぐれたつながりの感覚を持っていて、彼女の動かす手に患者の身体がいかに反応するのかを感じ取っていた。ウィトゲンシュタインからの別の引用は、彼女がしていたことにフィットしているように思える。「……だから、われわれはどのような種類の理論も立ててはならない。われわれの考察においては仮設のようなものが許されてはならない。あらゆる説明が捨てられ、記述だけがその代わりになされるのでなくてはならない」（Wittgenstein, 1953=1976: 99）

アデル・ビューロー・ハンセンは、有名なノルウェーの精神科医トリグベ・ブラトイ〔訳註1〕が一九五三年に亡くなるまでの六年間、彼と豊かな協働をおこなった。彼らはともに呼吸の働きに関心を持ち、彼はしばしばあれこれの患者について彼女に研究するよう依頼していた。「それで、戻ったら何が起きたか教えてくれ！」と。あるときには「横になるから、僕の身体でやってみてほしい。そしたら僕に何が起きたか伝えよう」と言ったそうだ。これは魅力的な研究デザインだ。ウィトゲンシュタインなら彼らを称賛しただろう。「われわれにとってもっとも重要なものごとの様態は、その単純さと平凡さによって隠されている。(ひとはこのことに気がつかない――それがいつも眼前にあるからである)」(Wittgenstein, 1953=1976: 106)

この本の作業に取り組んだのは一九八三年から八六年。ビューロー・ハンセンの感覚が僕らに「感染」して、「あれかこれか」が背後に退き「あれもこれも」がその場所に来て、一九八五年三月、ようやくあるアイデアに生命をもたらす準備ができたんだと思う。そのアイデアは一九八一年には生じていた。北イタリアのイゼーオ湖に浮かぶ小さな島、モンテイーゾラ島でミラノ・チームの最初の夏の会合が開かれたときのことだ。「どうして僕らは、ミーティング中に家族らを置き去りにして、彼らに与える『介入』を議論するために密室に入っていくんだろう」「どうして僕らは、部屋に留まって家族らのいる場で議論し、家族らにそれを聞いてもらわないんだろう」「僕らのその状況に関する

訳註1――トリグベ・ブラトイは、ノルウェーの精神分析医。メニンガー・クリニックで教育分析医として勤務していた時期に書かれた *Fundamentals of Psychoanalytic Technique* (1954) は邦訳もされている(深町健＝訳 (1971)『精神分析技法の基礎』岩崎学術出版社)。ビューロー・ハンセンがブラトイと協働したという六年間は、ブラトイの経歴を踏まえると、オスロ―公立 Ullevaal General Hospital の精神科部長であった時期(一九四五年から七年間)、および一九五二年に個人開業に戻り、その翌年一〇月に急逝するまでと見られる。

議論の仕方を聞くのは、もしかすると家族らにとって有意義なんじゃないだろうか」

このアイデアについて僕が一緒に仕事していたアイーナ・スコーペンに話したことがあったけれど、そのときはあえてそうしなかった。僕らはそうすることで人々を傷つけたり、辱めたりしてしまうだろうと思っていた（実際のところ確信していた）。家族のいない密室で僕らが話していたようにオープンに話そうと考えたのだから。密室のなかで、僕らは「なんておしゃべりな男なんだ」「まったく強情な女だ」と話していた。家族から隔離された場所で、そんなふうに彼らについて話すのは不快だった。

そのアイデアは、その機が熟す一九八五年三月の木曜日の午後まで三年半のあいだ冬眠していたわけだ。

部屋をオープンに

部屋をオープンにして僕らの考えを自由に交換することは、若き精神科医トリグベ・ニッセンと五〇代の両親、三〇代の娘が話すミーティングの場で初めて試みられた。母親は長く暗闇のなかで過ごしていて、何度かの入院経験（そのうち幾度かは自殺企図による）があった。マグヌス・ハルト（訳註2）、アイヴィン・エックホフと僕は、ワンウェイ・ミラーの後ろから家族とトリグベの哀れな会話を聞いていた。彼らは全くこの先の展望を持てずにいた。そのとき、ふと、僕らの部屋と彼らの部屋にそれぞれマイクとスピーカー一式が設置されているのに気がついた。僕らは一年近くもその部屋で仕事をしていたけれど、それに気づかなかったんだ。

僕はマグヌスとアイヴィンに「どうかな……」と尋ねて、彼らは「うん」と答えた。それで僕は彼らの部屋のドアに向かい、「あなたがたが話したことについて僕らが話すのを聞くことに興味はおありでしょうか」と尋ねた。どこかで彼らが「ノー」と言ってくれるのを期待していたけれど、答えは「イエス」だった。彼らの部屋のドアを閉める際、トリグベは立ち上がって僕の後について、いつものように「鏡の後ろ」に来ようとした。でも僕は「いや、君はここにいて」と言った。彼の表情は、裏切られて置いてけぼりにされたようだったけれど、僕は彼が家族といるのがよいと感じた。

彼らの部屋のスピーカーはオンにして、僕らの部屋の方はオフにした。彼らの部屋のマイクはオフにして、僕らの部屋の方はオンにした。ネオン照明をつける音が聞こえて、僕は考えた。「どうしたものか」。ほかのメンバーの目は大きく見開かれて、恐れに満ちていた。僕もそうだったろうと思う。そのとき僕らは自ずとのちに発展させたやり方に沿って話していた。僕らは、まず彼らが話した言葉のいくつかを繰り返した。「全部がつらくて」「力尽きて」「いつまで続くの?」　それから僕らは質問形式で話した。「いまの状況が彼らの力をすべて奪っているんだろうか」「可能性を探る力は残されていないでしょうか」「もし、力が湧いてくる日が来るとしたら」「どんなふうに彼らは探せるだろう」「誰か何かアドバイスをくれる人はいるんでしょうか」

明かりと音声が再び切り替えられると、あちらの部屋で家族はトリグベを交えていきいきとイース

訳註2――マグヌス・ハルトは、一九七八年以来、精神医療分野におけるアンデルセンの実践を継続的に支え、協働した盟友の一人。トロムソの大学病院におけるメンタルヘルス・薬物乱用部門のリーダーを長く勤め、二〇一七年一月からは、同大学病院内に原則として薬物の使用を行わない病棟（medication-free unit）を設置するなど、アンデルセンの精神を受け継ぎつつ、意欲的な取り組みを展開している。

ター休暇の計画について話し始めた。さらにその先のことまでも。

いくつかの考えが湧きあがった。「これはなにか全く新しいことだ」「これからはこのやり方で進めなきゃ」「傷つけたり辱めたりせずに話すのはとても簡単なことだ」。密室と密談は永久に捨て去られた。

会話がシステムをつくる

会話がシステムをつくるのであって、その逆じゃない。トリグベは彼らの困難についての会話に属していた。この会話がひとつのシステムをつくりあげた。僕らは彼らの困難についての「会話についての会話」に属していた。別の会話、別のシステムだ。一九八五年六月に北ノルウェーを初めて訪問したハリー・グーリシャンが、「問題によって編成され、問題を解消するシステム」について話したとき、彼は僕らが数か月前に身体のうちで感じたことに明確な記述を与えてくれた。彼は「言語システム」について話し、困難な状況が何かをしたい人々の注意を引きつけると考えていると話した。そうした人々が互いに話すとき、二つの質問への答えを見つけようとする。これは何か？　われわれには何ができるか？（あるいは、われわれはいかにしてやっていけるか）。他者と話すのはその答えを見つけるためだ。僕らが「家族図」を描くなら、それは静的な構造のように見えるかもしれないけれど、システムはそんなものじゃなく、僕らが話すことや、とりわけ僕らがいかに話すか、ということに応じて絶えず変化するコンステレーションだ。家族のふだんの「境界」は広がっていき、より流動的なものになっていく。

一九八五年三月の出来事の後、自ずと変化が生じた。新たな形式が名乗りをあげ、「自然なこと」になっていった。僕らは以前のように「ひとつ」の介入を見出そうと、鏡の背後で話し合わなくなった。代わって各々が静かに耳を傾け、聞いているあいだに僕らのうちで何が生じるのかということに注意を払った。僕らが僕らの聞いたことについてリフレクトするとき、たくさんの大いに異なるコメントが発せられた。

ある時期、僕らは僕らのリフレクションがそれを聞いている人々にどのように影響を与えるのか、いずれが「よい効果」を持つのかについて考え、それに応じて「戦略的」に話した。「もし母親がもう少しそれをやったなら、何が起こるだろう」というふうに。また、三年以上のあいだ、僕らは僕らのメタファーを用いて自身を表現した。

ある家族では、妻と一〇代の娘が新たな生き方と新たなことばを探し始めたため、父親は何が起こるかと心配で家に戻ってほしく、旧来の習慣を守りたがっていた。リフレクションのなかではこんなことが言われた。「誰かが外に出て花を見つけ、それを摘んで家に持ち帰って、家にいる誰かがその花を受け取り、世話をした。すると大きく美しい花束になった」。別の会話では、日に見えるものを超えた可能性へと到達するために東洋哲学から閃きを得た女性と、西洋のプラグマティズムに啓発されており、彼女とうまく関われない男性という困難に直面したカップルに出会った。ひとつのリフレクションはこうだ。「私には天高くふたつの太陽が、一方は東から、他方は西から昇ってくるのが見えました。どちらも輝いていて暖かいのです」。こうしたリフレクションは確かに変化をもたらしたけれど、痛烈な不快感を伴っていた。いまとなってみればわかるけれど、僕ら自身のメタファーを用いることで、僕らは自分たち自身をあまりに中心化し、影響を与えすぎていたんだ。そんなやり方は不快さを生むので、僕らは自分のメタファーを使わなくなり、相手との会話のなかで用いられたメタファーだけに集中するようにした。

僕らの望み

僕らが強く望んできたのは、僕ら自身の経験やストーリーとはつねに距離を保つことだ。僕らのものを相手に与えてしまうなら、僕らが中心化しすぎるし、あまりに重要視されすぎてしまうだろう。僕らの望みは、できる限り周縁にとどまって、できる限り素早くすり抜けること。つまり、さっと入ってさっと出る。話したりリフレクトしたりするのは、彼らが話すことについてだけだ。

もうひとつの大きな、そして、自然な変化は、僕らがより多く聞き、より少なく話すようになったことだ。

記述と理解

記述することと理解することについて、僕らはいつも考えていた。僕ら自身の実践を記述し、理解したくて、僕らの理解の仕方（それは「認識論」と呼ばれ、僕らの頭のなかのある種のフィルターと考えることができる）が僕らの記述に寄与して、それを形作るのだと考えていた。グレゴリー・ベイトソンの円環的「認識論」とことば（人間は互いに影響し合うということ）、それから「構成主義（constructivism）」（僕らが僕ら自身の記述の能動的構成者であるということ）とその工学用語〔訳註3〕、それから「社会構成主義

(social constructionism)」(記述は会話を通して創出されるということ)などを求めて回った。これらの議論は、その日常言語への大変な熱意にもかかわらず、非常に理知的な言語を用いるので、理解するのは本当に大変だった。

北ノルウェーで大きな会議を組織した際、僕らの実践的な仕事を記述するために主要な「認識論者たち」を招いた。僕らの仕事はビデオにより、彼らの言語で上映された。そのとき参加したのは、たとえばウンベルト・マトゥラーナ、エルンスト・フォン・グレーザーズフェルド、ハインツ・フォン・フェルスター、スタイン・ブラーテン、リン・ホフマン、フレドリック・スタイナー、ケネス・ガーゲン、ヤン・スメッズルンドなどだ〔訳註4〕。

僕らの望みを満たすのは容易ではなく、自分たちの基本的な仮説をあらため、〈自分たち自身の表現によって〉現実に参加する実践が先で、そのあとに現実についての記述が生じる、という仮説のもとで歩み続けねばならなかった。

訳註3——セカンド・オーダー・サイバネティクスのこと。
訳註4——この錚々たる参加者を招いた会議とは、一九八八年にノルウェー内陸部の小さな村スリチェルマで開催された六月セミナーである。ここには、文中に記された各分野の著名な認識論者たちの他に、イタリアのルイジ・ボスコロ、ギアンフランコ・チキン、アメリカのハリー・グーリシャン、ハーレーン・アンダーソンらも参加していた。

口に出して初めて考えていることに気づく

「あなたがそれを言うまで、あなたは自分が何を考えているのかわからない」。この言葉はハリー・グーリシャンのたくさんの金言のひとつだ。彼は工学用語を捨て去った最初の一人で、僕らは彼についていった。「構造」のような言葉はあまりに静的で、「行為調整」なんてあまりに機械的だ。僕らははっきりと表現を中心に置かねばならず、理論や理解よりも先に実践を位置づけた。そうすることで僕らは伝統的な学問のやり方を退けた。そこでは理論が先に来て、実践はそこから引き出されるものだったから。

実践では準備せずに会う

僕らの実践では、事前の準備をせずに会った。ミーティングの始まりのときに初めて、誰が話したくて、誰が黙っていたいか明らかにしなくちゃいけない。また、彼らが何について話したくて、どんなことを話したくないかも。かつて僕らがしていたようにミーティングの前にプランを立てるようなことは、もうやめないといけなかった。

会話

リフレクティング・トークに先立つ会話は最も重要だ。先に触れたように、僕らに会う人々自身が何について、どんなふうに話すのか決めることがいちばん大切なことだ。いちばん話したがっている人から話し始める。そのあと、ほかの人が順番に話していく。彼らが自分の言葉と表現を選んで、記述したいことを記述するのを邪魔されないことが大切だ。邪魔しないというのは、こういうこと。僕らは相手の話を中断せず、彼女／彼が話し終わったあと、自然に間《ま》が訪れるのを待つ。その間のあいだ、彼らが話したことについて再考する。ときには、家族の誰かが話している人を遮って同時に話し始めるけれど、僕らはその人を遮ることはしない。その中断が終わったところで、また僕らは話していた人と話を続ける。もし、ほかの人が繰り返し遮ってきたら、「あなたがもっと話したいことがあるのはわかりました。けれど、いまはこの人も話したいのです。もう少し彼女とお話しして、それから私たちの話に戻ってよいでしょうか」と言うかもしれない。いままでのところ、皆この提案を受け入れてくれた。

話しているあいだ、僕は絶えず自分に言い聞かせる。「彼らが話していることを理解することばかりに専念しちゃだめだ！　どんなふうに続けるのかにもっと集中するんだ！　瞬間瞬間に誰がいちばん聞いてほしいと感じているのか、誰かが言ったことがほかの人にどんなふうに影響しているのか、しっかり見ておくんだ」

僕がそんなに役に立つことはなくても、相手が妨げられることなく話すことができれば十分だ。僕はいつも、相手が話しているときはまず自分自身に話しているということを肝に銘じている。彼女が彼女自身による描写を聞いているとき、彼女は穏やかに思いを巡らせ、話すにつれてそれ（たとえば強い意見）を変化させるかもしれない。

僕は新たなストーリーや新たな解決を見出すことにこだわらない。そんなことはすべて、人々が自分の言葉と自分の表現を通して物事を見つめる機会を得られれば、自ずと生じるものだ。僕は原因や説明にもこだわらない。

だから、記述を生み出すために用いられる言葉や表現は、この取り組みの中心的関心となる。左のスケッチとテクストは、何が中心であるかを示している。左側の人物が右側の人物に話している。聞き手は語られるすべての言葉を聞くだけでなく、話し手が自身の言葉をどんなふうに受けとめているかも見ている。聞き手はいくつかの語られた言葉が話し手によって聞かれるだけでなく、話し手に「触れて」いるのに気づくだろう。言葉が「触れた」ことに対する話し手の反応は、見られ、聞かれる。ときに表情に影が差し、手は開かれたり閉じられたりし、あるいは、せき込み、涙ぐみ、ため息をついたり、間があいたりなどするかもしれない。話し手が以前経験したことを生きなおさせるような意味を言葉が運んでいることが、聞き手にはわかる。聞き手にそれがどんな経験かはわからないとしても。会話は、まさにいま生きなおしている過去の経験の瞬間の動きへと話し手を連れ戻す。しばしば、聞き手は目の前の感情に引き込まれ、自分自身の表現に心をふるわせている話し手を見て心を動かされる。両者の心が動くこうした瞬間は、何が言われたことで相手の心が動かされたのかを探求するための絶好の機会だ。

そうした表現を「おし広げ」、ニュアンスを持たせることは、変化した記述や理解、あるいは現在の困難な瞬間から、願わくはより困難でない次の瞬間にどんなふうに進んで行くかという新たなアイデアに寄与するかもしれない。

いくつかの言葉はあまりに強く触れるため、それを探求すべきじゃない。僕らはこれらの言葉がど

第四章
リフレクティング・トークといってもいろいろ──これが僕のだ
トム・アンデルセン

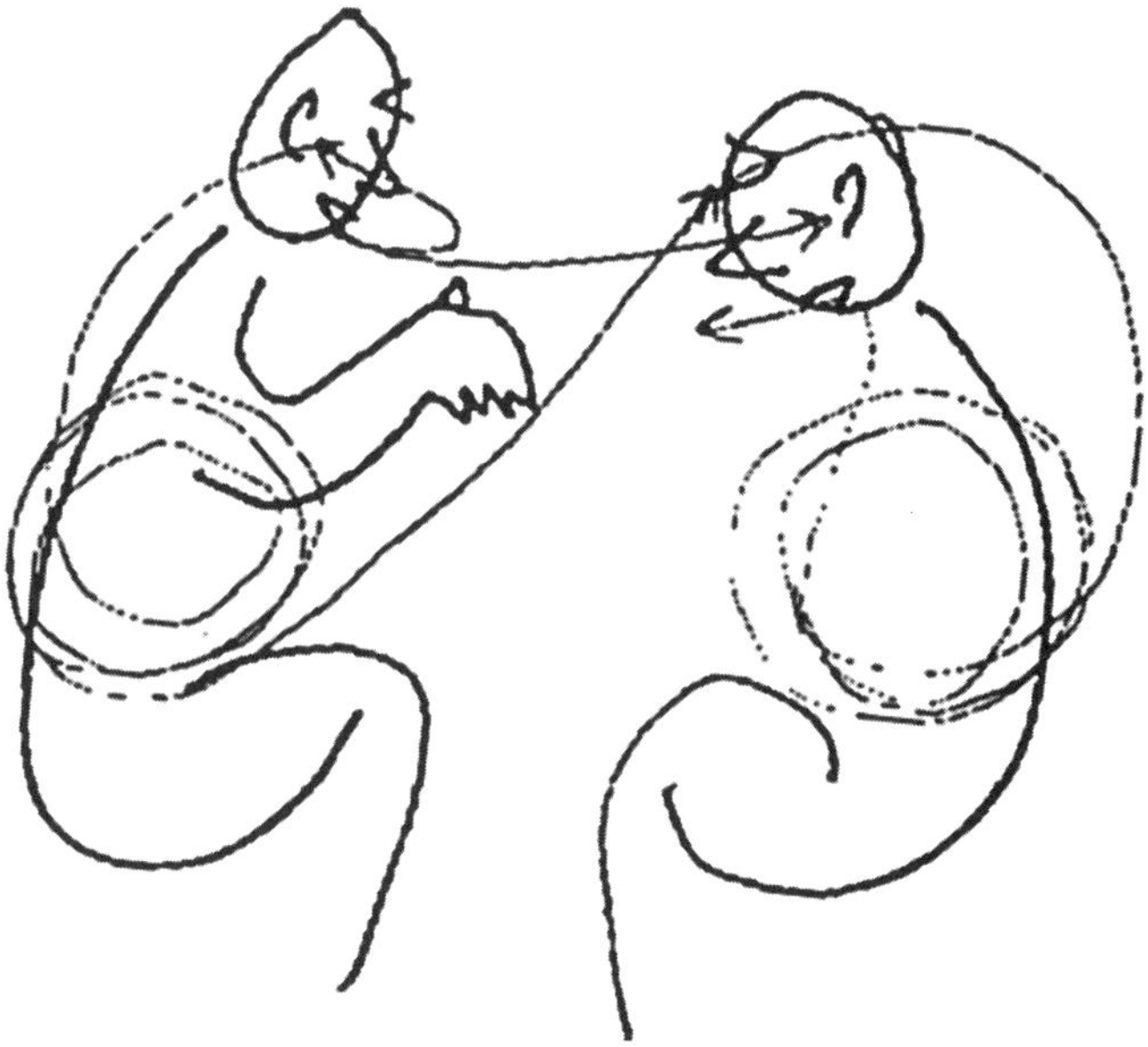

んなふうに触れるのか注意深く見つめなくちゃいけない。僕らが探求したい言葉を本人もそうする準備ができているかどうか確かめるため、いくつかの一般的で「表面的」な質問をすることは、しばしば有効だ。「あなたは――という言葉を使いました」「その言葉はよく使われますか」あるいは「あなたは――という言葉を使いましたが、それはあなたにとって大きな言葉でしょうか、それとも小さな言葉でしょうか」「あなたは――という言葉を使いましたが、それについて話すのは気分のよいことでしょうか」

もし、こうした「表面的」な質問に答えるのが容易い様子なら、その人は探求の準備ができていると僕は考える。もし、彼らがためらったり、「その言葉は嫌い」と言ったり、その言葉とともにいることを望まない様子が何らかの形で示されたら、僕は続けるのを止す。一例をあげよう。マリーは病気だったけれど、自分で何とかしようとしていた。（T／トム、M／マリー）

T――彼ら……あなたの家族は、どんなふうにあなたを見ているのでしょうか。彼らはあなたを何も求めるべきじゃない人と見ているんでしょうか……あるいは、あなた自身のために何かを求めるに値する人だと……彼らはあなたをどんなふうに見ているのでしょう？

M――よくわかりません……私は……うーん……彼らがそういう目で見ているとは思わないし……私は……そうですね……私が育った家というのがたぶん……私たちは自己を頼むことになっていて……自立というのがうちの家族の大事な言葉で……

T――自己を頼む？

M――え？

T――自立？

M――（うなずく）ええ。「自立」は本当に大事な言葉です。それで……そこにはメッセージがあるような感じで。

T――すみません、どんな感じで……

M――そこにメッセージがあるような感じで……そう……なにか私の人生に本当に組み込まれたような感じで……私は……いえ……彼らが私に対して責任がないとなるやいなや……もう問題はなくて、彼らはそれ以上何も言わないんですよ……

T――でもまだ問題はある……

「自立」という言葉が二度言及され、その言葉を話したり聞いたりするにつれて、彼女の声は沈み、悲しげな表情が現れた。まるでその言葉に打ちのめされているようだった。僕はその言葉を探求する決意をしたけれど、彼女がまず何かを言いたくなるまで待つ必要があった。そして尋ねた。

T――「自立」という言葉はどんなふうに表現されましたか。オープンにでしょうか、暗黙のうちにでしょうか。あるいは……どんなふうに表現されましたか。

M――うん……言葉にして……

T――言葉にして？「自立」という言葉で？

M——ええ。

T——あなたは自立すべきだと言われるとか、一般的に自立について話されるとか……

M——私たちは自立すべきだと。両親は私たちに自立的であってほしくて……それで……私たちは自立してなきゃいけなくて。彼らがそれを求めるので……それで……

T——じゃあ、どうやって……どんな道をたどって、あなたはその言葉になじんで、その言葉をあなたの一部にして……もし、あなたが「自立」という言葉をのぞき込んだら、その言葉のなかに何が見えるでしょう。

M——好きじゃありません。個人的にその言葉はあまり好きじゃない。ある面では……（彼女は椅子の上で動き始める）

T——あなたに見えるのは……もう少し……その言葉をのぞき込んだり、そちらに目を向けるとき、何が好きじゃないんでしょう。

M——ええ、そこに見えるのは（泣き始める）……孤独について話すのは、とてもつらくて……私はただ……いままでそれについてあまり考えないようにしてきて……あぁ……「自立」という言葉はひとりぼっちでいることを意味するの……私にとっては孤独に陥ることを……ひとりでいて……あぁ……その言葉は……自立的であることについて話し合ったことがあって、私はついにはこう言ったの。「二度と私にその言葉を使わないで。なにかとっても嫌な感じが強まってるの」。全部自分でやらなきゃいけない。やらなきゃ……ずっとそう強いられてきた気がする……私にとって……やりたいのはただ……私は自立が美徳とは思いません。ちっとも思わない。ただ孤独で……あぁ……（彼女は倒れ込むようにわずかに前かがみになり、片方の手でもう片方の手をつかむ）。物事に自分で立ち向かわなきゃいけなくて……あぁ……そうは……そうは思わない……私はほかの人をそんなふうに扱おうとは思わない……けど、自分にはそう……私はほかの人たちを……少なくとも自分ができるときには支えようとする……でも自分のこととなると……支えを求めないみたいで……代わりに……たぶん私は……一年ほど前に私の自立ってことがやっとわかったの……ずっと自分のことを記述するのにその言葉を使ってきて、ようやく……私は自立的じゃない。そう、人に思われているようには自立的じゃない……そうでなきゃいけないと教えられて育ったけれど、いまはそうは思わない……（彼女は背筋を伸ばし、手を横に置き、上半身を起こす）……人々は支えあうべきだと思うし、協力的であるべきだと思う。いつも強くあり続けるわけには……ね。私はそんなふうに感じます。ここに来て、ふだん話さないようなことを話せて本当によかった。

T――あなたのお母さんが「自立」という言葉をのぞき込んだら、何が見えるでしょうね。

M――強さをみるかしら……

T――お父さんなら？

M――やっぱり強さかな（少し間をおいて笑う）……面白いことだけど、父は母のとは違う種類の強さを見ると思う……

T――ごきょうだいは？

M――彼女は私と同じものを見るでしょう。

右の二つの質問は大切だ。⑴「それ（「自立」という言葉）はどんなふうに表現されたのですか」。⑵「あなたは自立すべきだと言われるとか、一般的に自立について話されるとか……」。彼女の答え方は、彼女がこの言葉にとどまることができ、その言葉を探求する準備ができていることを示していた。「その言葉は私を壊してしまう」とか「その言葉が憎い」というふうにひどい嫌悪感を示して彼女が答えていたなら、それを探求することはしなかっただろう。

別の二つの例

母親、父親、七歳の息子と、その地域のセラピストが参加したミーティングでのことだ。母親によれば、父親はすぐにイライラして、そんなとき息子を打《ぶ》つのだという。僕は父親に言った。（T／トム、F／父親）

T――それであなたは彼を打つ？

F――時々。

部屋は静まった。僕は父親が気持ちを閉ざすのか、続ける気があるのか注意深く見つめた。

T――どんなふうに打ちますか。

F――息子がちゃんとしないときに。

T——どんなふうに打ちますか。
F——打つだけだ。
T——彼をどうやって打ちますか。
F——打つだけだ。
息子はとても落ち着かない様子で、床にひざまづいてこちらに背を向けていた。僕は父親に尋ね続けた。
T——手を使うのですか。
彼は自分の右手をあげてそれを見つめた。
T——平手ですか、拳ですか。
F——さあ。
T——あなたはどうしていると思いますか。
F——わからない。
今はひざまづいて頭と腕を椅子に乗せている息子に向かって僕は言った。

T――お父さんが君を打つとき、平手で打つの、拳で打つの？

僕は自分の手を開いたり握ったりして、彼に質問を理解できるようにした。息子は握った手と開いた手でもって父親が両方やることを示した。このとき男の子はとても不安げな高い声で答えた。「僕はもうお父さんの手を止められる……平気さ……」

僕は内的会話で自問した。「平気じゃない。でも、この話は男の子にとってつらすぎるかもしれない。やめようか？　この話が男の子にとってハードすぎないかを知るために母親と話すことができるかもしれない。ここをやり通すことは大切だ。続けよう。でも、ここは責任重大だ」

僕は尋ねた。「いちばん君を傷つけるのは何？　平手？　拳？」　息子は「拳」と答えた。父親に向き直ると、僕は拳を宙で動かした。

T――あなたの拳が打とうとしているとき、もし、その拳が止まって話せたなら何と言うでしょうか。

父親はその質問が理解できず、ついに彼が答えるまで何度か繰り返さねばならなかった。

F――やろうとしていることを止めるんだ。それはお前がすべきことじゃない。

T――あなたはそれをどんなふうに言いますか。

この質問を理解するのにはさらに時間がかかったが、父親が答えるまで繰り返された。

F――はっきりと、冷静に言うだろう。確信をもって。

この会話のあいだ、父親が息子を打つ瞬間に送り戻されているとき、ゆっくりと進み、つねに父親が会話の動きについてきているかどうか、あるいは、行き詰っているかどうかを見ておくことがとても大切だ。このとき、父親が息子を打つ瞬間に戻っているとき、彼は打つ以外の表現の探求に参加することができている。

ミーティングに参加している誰かによって表現されたことへのさまざまな反応について話し合うのは有益だろう。一三歳の娘、母親、おば、祖母、そして地域のセラピストが僕と一緒にミーティングに参加していたときのことだ。セラピストは、彼女自身も家族たちもどうやって先に進めばよいのかわからなくなっていたので、ミーティングを求めていた。母親は僕を含めるというセラピストの提案に大賛成だった。最初の瞬間からとても騒々しく落ち着かない雰囲気で、母親は部屋に入るなり話し始めた。「私たち全員がここにいることが大切よ」。祖母は落ち着きなく部屋のなかを行き来していて、居心地悪そうにしていた。おばは言った。「私はただの運転手だから」。一三歳の娘とおばは何度か大声で笑った。この笑いを注意深く追っていくと、祖母が何か言ったことへの反応として笑いが生じていることに気づくだろう。とりわけ祖母が「ここでどうしたらいいかわからないよ」とか何か不明確に言ったときに。

僕はこれらの表現への応答を見出す責任を感じた。⑴母親は全員がそこに居るのが大切だと言う、⑵祖母の不安と落ち着きのなさ、⑶大笑い、⑷ただの運転手だと言うおば。そこで、これら表現の周りに四つの短い会話が生じる。まずは、母親の言葉がちゃんと聞かれていることを示すために彼女の言葉を繰り返した。つぎに、祖母の落ち着きのなさへの応答で、母親の話によれば、それは祖母が望まないのに説得して連れて来られていることによるものだった。僕は祖母に尋ねた。「あなたがしばらくのあいだ静かに座って話を聞いているとしたら、彼女たちはそれを受け入れてくれると思いますか」。彼女はそれがたぶん有益だろうとわかり、祖母の娘である母親もそれに同意した。彼女たちの語る物語はとても悲しいものだった。多くの暴力的な男性たちが長いあいだ乱暴をはたらいた後に、この女性たちのもとを去っていった。ようやく祖母が話そうとすると、彼女が話すにつれて笑い声が高くなり、その騒音で人々が何を言おうとしているのか聞き取るのが難しくなった。それで僕はセラピストに向かって言った。（T／トム、A／セラピスト）

T――僕らが話すとき、とても深刻なことについて話していても部屋に笑い声が聞こえるのに気づきました。

セラピストも同じことに気づいていた。僕は尋ねた。

T――この笑い声が話せるなら、どんな言葉を話すでしょう。

セラピストはわからず、僕はさらに尋ねた。

T――幸せな言葉でしょうか、悲しい言葉でしょうか。

ためらいなく彼女は言った。

A――悲しい言葉です。
T――その言葉がとても悲しいから、僕らはそれについて話すべきじゃないということでしょうか。
A――わかりません。私はいままで彼女（孫娘）をかばってきました。
T――もしあなたがそれらの悲しい言葉について話さないでいたら、どんなふうにこの先続けていけるでしょうか。
A――行き止まり！　行き止まりです！

祖母が沈黙を破って言った。「もう隠しておけないよ。ただただ孫娘を守るためだったけれど。私たちはそれをさらけ出して、それについて話さなきゃ」。大きな沈黙があり、それから祖母は彼女が癌であることを話した。誰もがそれを知っていて話せなかったのだ。もう彼女たちは話せる。

僕が決して話さないのは、言葉にされていないあらゆる身体的表現だ。僕は相手の表情を見て決してこんなふうに言わない。「お怒りのようですね」。まだこう言った方がいい。「調子はどうですか」。相手の話すことを踏まえて話すのが安全だ。

リフレクティング・トーク

リフレクティング・トークにはいろんな形式やスタイルがあるだろう。それらはある人がもう一人と話すことで形づくられるかもしれないし、聴衆全体と話すことで形づくられるかもしれない。すべてが同じ部屋で行われるかもしれないし、家族とセラピストがワンウェイ・ミラーでチームと分かたれるかもしれない。チームがリフレクトするとき、家族とセラピストはチームと部屋を交換し、チームがリフレクトした後でまた元に戻るかもしれない。こちら北の地では、僕らはしばしば二人一組のチームで、もうワンウェイ・ミラーは使わない。二人のセラピストのうち一人が家族と話し、もう一人はただ聞いている。家族が聞いてほしいことを話したあと、チームの二人は互いに向き合って、彼らが聞いたことについて話す。

リフレクティング・トークの前にはいつもその相手、たとえば家族に「僕らの会話を聞いているあいだに彼らが考えていたこと」を聞くのに興味があるかどうか尋ねる。もしセラピストが一人なら「私たちの会話からいくつかの考えが浮かんできました。それをお聞きになりたいでしょうか」と言えるだろう。いつもまずは尋ねるべきだ。ときには、たったいま終えた会話で家族たちとしてはもう十分だと感じている場合もあるから。もし彼らが聞きたいなら、以下のいずれでもいちばん居心地の良いように過ごすことを勧められる。「⑴聞いていること、⑵もしそれが心地良く感じられるなら、どこかほかの場所へと心を飛ばしてしまうこと、⑶ただ休息していること、⑷何かほかのことをすること、どれでもどうぞ」

こんなふうに言うわけだ。「休息」という選択肢は、聞いていることも、考えていることもどちらもしない可能性をもたらす。また、「何かほかのことをする」という選択肢は、部屋を出て行ったり、話を遮ったり、抗議をしたり、などといった可能性を与えてくれる。僕はこの最後の選択肢がしばしば人々によって省かれてしまっているのに気づいた。残念なことだ。

すべてが同じ部屋で行われるとき、リフレクトする人たちは互いに向かって話すといいだろう。その意図はこうだ。「彼ら（たとえば家族）に向かって話さず、話すとき彼らを見ちゃいけない。もしそうしてしまうと、彼らはあなたの話を聞くように強いられるし、それじゃあ彼らは、その方が心地良いと思っていても、心をほかの場所に飛ばしてしまえない」。僕は多くのセラピストが人々にこのように勧めないことに頻繁に気づくようになった。

僕らのところでは、リフレクトする人たちはいつも頭のなかに先に示したスケッチ（会話する二人の図）を持っている。僕らは、個々の人たちにとって大切だろう、と見えた言葉についてリフレクトする。リフレクトするときは、まず僕らが聞いたことを繰り返すことから始めて、そのあとでそれについてリフレクトする。この要約では、会話のなかで使われた言葉を使うことが大切だ。そうすることで、その言葉を話した人は話した瞬間へと引き戻されるだろう。こうして、その言葉を話した人（そしていまリフレクティング・トークを聞いている人）は、たしかに自分の表現が聞かれ、認められたと感じるだろう。

僕らは、リフレクションが実際に話されたことに基づくべきであって、話されたことについてリフレクトする人が「考えた」ことに基づくべきじゃないと強く念押しする。リフレクションは会話の中で言われたことだけに関するのであって、何か別の文脈で起きたこと、たとえばここでの会話の外にあるようなリフレクトする人の人生に生じたことからなされちゃいけない。リフレクションは質問形式でなされるほうがいい。意見を言うことは避ける。判断や分類を与えちゃいけない。

リフレクションのあと、家族や聞いていた人たちはいつもこう尋ねられる。「なにかコメントしたいでしょうか、それとも考えていたいでしょうか」

たぶん例をあげるとはっきりするだろう。アンナと彼女の夫のペーターは緊張状態にあって、夫婦関係は危機に瀕していた。アンナはペーターが彼女と二人の子どもに十分な配慮をしないことを嫌っていた。彼は家に帰るとワインを飲み、テレビを見て、新聞を読む方を好んだ。そのことが彼女をひどく怒らせた。彼は自分に「閉じこもって」いるように見えた。彼は自分がＡＤＨＤ（注意欠如多動症）であると弁解し、彼を「解放」することのできる「魔法の薬」を望んでいた。話しているあいだ、彼は首の後ろに腕を回し、上半身を伸ばそうとしていた。彼は何度も何度も「解放」という言葉を繰り返した。彼女は彼がもっとしっかりできるはずだし、すべきだと言い、頭の中が怒りでいっぱいだと話した。「いつも怒っています。ほかのことは何も考えられないの」。彼女は怒って話しながら彼の方を見た。「私は父から怒りっぽさを受け継いだのかもしれません。父はひどく怒りっぽかったから」。彼女は一三歳の時に父親が激怒したことについて笑って話した。「父は瓶を……父の大好きなピクルスが詰められた瓶を持っていて……それは彼の、彼だけのものでした……ある日誰かが瓶を床に落として割ってしまったの……母は急いで町に出かけて新しい瓶を見つけて、それにピクルスを詰め、私たちは一安心しました……でも、父が家に戻って、その瓶が自分のじゃないとわかると、新しい瓶をつかんで床に投げつけたの……」。彼女は大笑いして、ペーターも笑った。そして、彼はアンナが怒っているとわかったし、彼女を怒らせていることを変えていきたいと話した。けれど、彼はまた「解放してくれる魔法の薬」をほしいと繰り返した。

これに続くリフレクションの一部はこうだ。「僕は二つの大きな言葉を聞いた……怒りと……解放……アンナは彼女の生活が怒りでいっぱいだと言い……ほかのことは考えられない……それは怒りだけなんだろうか……彼女の怒り、その怒りの中にはほかの感情も含まれているんだろうか……もしあるなら、それらはどんな色だろう……温かいんだろうか冷たいんだろうか……新しい瓶を割ってしまった彼女のお父さんは、はじめの壊れた瓶と取り換えるのに家族がどれだけ苦労したのか気づいていたんだろうか……怒りに目がくらんで家族たちが苦労したのに気づかなかったんだろうか……ペーターは解放を求めていて……そうなることをとても強く望んでいる……けれど、もし解放されたとして、実際にそうなったら、何が見えるんだろう……必要もないのに解放されるのは賢明なことと思えるんだろうか……もし彼が『解放』という言葉通りに解放されたなら、誰が彼と一緒にいて彼に配慮すべきだろうか」

ペーターは、もし彼が「解放」されたら何が起こるだろうかと考え、アンナはこう言った。「私たち、変化することを良いことだと思っていたけど、解放されたあとすべてが『バラ色』になるかどうかは確かじゃない…そうするには準備しなきゃ……より多くのドアを開けば、痛みにも直面する……準備しなきゃいけないわ」。二人のあいだの緊張はミーティングのあと少しほどけ、二人は多くの面で互いに歩み寄った。

現実、人間、ことばについての仮説

僕がここに書くことは、参照している原典に比べるとごく簡約化されたものだ。書かれたものの出典としては、ルートヴィヒ・ウィトゲンシュタイン（Wittgenstein, 1953, 1980; von Wright, 1990, 1994; Grayling, 1988; Gergen, 1994; Shotter, 1996）、レフ・ヴィゴツキー（Vygotsky, 1988; Morson, 1986; Shotter, 1993, 1996）、ジャック・デリダ（Sampson, 1989）、ミハイル・バフチン（Bakhtin, 1993; Morson, 1986; Shotter, 1993, 1996）それにハロルド・グーリシャン（Anderson, 1995）。

長年の理学療法家との協働、とりわけアデル・ビューロー・ハンセンとグドラン・オブレベルグに出会ったことは、これらのアイデアの発展に大きな影響を与えている（Øvreberg, 1986; Ianssen, 1997）。

さらなる出所は、これらの仮説を実践に適用するなかで得られた自分自身の経験だ。たくさんのとても多様な状況で実に多くのリフレクティング・プロセスに参加したことは、これらのアイデアを形づくるのにとても大きな影響を与えている。これらのプロセスは、そこに存在するあらゆる観点から質問と応答が生じてくるような開けゆく会話だ（Andersen, 1995）。

現実についてのいくつかの仮説

現実は三つの側面からなる。(a)見えるけれど動かないもの。たとえば、手の骨。(b)見えるし動くもの。たとえば、手。ある瞬間には開かれ、放し、つぎの瞬間には閉じられ、握る。(c)見えないけれど動くもの。たとえば、握手。

僕らは骨が何で「ある」のか説明できるけれど、手はこれこれ「かもしれない」としか説明できない。握手についてはそれが何か「わからない」。けれど、それとどんなふうに関わればいいのか知っている限りは、さほど問題じゃない。誰か言うだろう。「私は握手とは何か知っている。それは二つの手の出会いだ！」。だけど、出会いは「ど﹅こ﹅」で起きるんだろう。皮膚で？　骨と骨のぶつかり合いで？　握手の流れを見ている目のなかで？　(a)と(b)が思考によって把握されるものとして記述され得るのに対して、(c)は身体によって体験されることだけができる。(a)の記述は数字や名詞を用いて最もよくなされる。(b)の記述は動詞の恩恵を受けられる。(c)を記述しようとするなら、メタファーを用いるのがいちばん有効だろう。それは僕らが触れている何かを感じさせてくれる。

人間についてのいくつかの仮説

僕らが生まれてきて最初にするのは息を吸うことだ。「吸う（inspire）」というのは神聖な言葉だ。それは精神（spirit）を入れること、最初の泣き声が発せられる前に。僕らが人生の最後にやるのは息を吐くことだ。「吐く（expire）」、そして精神を解放する。最初に息を吸うことと最後に息を吐くことのあいだに呼吸が続く。吸うことは吐くことに続き、吐くことは吸うことに続いていく。僕らに何かが起こったとき、吸う動きが影響を受ける。「息苦しい」「息切れする」「胸がつかえる」「胃が痛い（腹部における呼吸の動きが止まるとき）」など。息を吐く動きはたくさんの僕らの表現を助ける。たとえば感情や感じたことに反応する言葉、会話すること、笑うこと、泣くこと、叫ぶことなど。

赤ん坊の最初の泣き声は「外にある」冷たい現実との出会いへの応答だ。母親の子宮のなかは、より温かく居心地が良かった。赤ん坊の周りにいる者は、泣き声を受けとめ、泣き止むように赤ん坊の必要とするものを与える。バフチンは、生きることは絶えざる「応答」行為だと考えた。誰かの表現は誰かの表現への応答ということだ。彼は言った。「魂とは私の精神が他者に捧げる贈り物だ」(Bakhtin, 1990, p.132)

だから、僕にとって魂とは、ある人の表現（精神）が他者によって受けとめられ、そして他者の表現（精神）によって応答される出会いの場所だ。魂（それはその人と他者とのあいだに位置づけられる）へのその人の寄与は、他者の表現によって受け取られ、応答されるべきだ。神聖にかつ真剣に。

ことば（language）についての一〇の仮説

(1) ここでは、ことばを上述してきた共同的パースペクティヴにおいて大きな意義を有するあらゆる表現として定義する。それらは多岐にわたり、たとえば、話すこと、書くこと、絵を描くこと、踊ること、歌うこと、指し示すこと、泣くこと、笑うこと、叫ぶこと、打つことなど、あらゆる身体的活動が含まれる。これらの表現が他者の共在する場で身体を伴ってなされるとき、ことばは社会的行為となる。僕らの表現は、他者との絆に参与するための社会的な贈り物だ。

(2) 僕らは意味を創出するためにこれらの表現を必要とする。もし表現の一種、たとえば言葉(word)や話すことが活用できないなら、別種の表現、たとえば絵を描くことが意味の創出を可能にする。

(3) 最初に表現があり、それから意味があらわれる。意味は創出される。ハリー・グーリシャンはこう言ったものだ。「私たちがそれを言うまで、私たちには自分が何を考えているかわからない」

(4) 意味は表現のなかにある。下や背後じゃない。表現のなかにある意味、たとえば言葉のなかにあるものとして、それはとても個人的なものだ。いくつかの言葉は、僕らがそれを聞くとき、僕らが以前それを体験したような何かへと僕らを引き戻し、再体験させるだろう。

(5) 表現は情報を与える(informative)。それは表現が僕ら自身についての何かを他者に伝え、また、僕ら自身にも伝えるということを意味している。僕が考え、声に出して話すとき、なにより僕は僕自身に話している。僕が表現する言葉は僕の理解に深く結びついているので、自分の言ったことを注意深く聞くことによって、僕は自分自身の理解を探求することになる。表現はまた形づくるものでもある(formative)。僕らが表現する者として自身を表現するとき、僕らはそうなるような者になる。「祖父は親切だった」「祖父はとても親切な心を持っていた」と言う代わりに、こう言う方が適切だろう。「祖父は常に何事かを親切にやっていた

(6)

ので、いつも親切な人になった」。「である（to be）」「持つ（to have）」という動詞を時や文脈を含むことなく用いることによって、人は容易にそこで記述されたものが静的なものだと信じ込ませるような自身の語りに欺かれる。「祖父は親切である。彼はそういう性格を持っている」「祖父はとても親切な心を持っている。彼は優しい人格を持っている」。僕らがそんなふうに自分自身に話すなら、人間は性格と人格を「持つ」という考え方を容易に身につけてしまうだろう。

内的で個人的な会話と外的で社会的な会話の両方において、表現は動きを伴う。内的会話に伴うのはたいていより小さくニュアンスを持った動きで、外的会話に伴うのはより大きい、たとえば手を振るような動きだ。しばしばセラピストや研究者が、語られた言葉が身体言語（ボディランゲージ）とマッチしていないと言うとき、彼らは誤解している。たとえば誰かが悲しげな表情で「とても幸せです」と言うときなどだ。「とても幸せです」というフレーズは他者との絆への社会的な贈り物で、悲しげな表情はおそらく他者に伝えるつもりのない内的で悲しい会話に属していると思う。だから、その人が自分の内的会話を記述したいと望まない限りは、内的会話が身体表現にいかにあらわれているか見ないようにするのが普通の礼儀だと思う。このことに従えば、その人のどの表現が社会的絆への参与のための贈り物で、どの表現がそうじゃないのかを見極めることがセラピストや研究者にとっての目下の課題であるべきだろう。僕が二〇〇一年三月にヨハネスブルグで開いたワークショップの参加者でサイコセラピストのローレンス・シングは、社会的絆に寄与するような表現を記述するために「社会的な贈り物」という言い方を提案した。それは社会的絆のためじゃないような個人的表現とは異なるものだ。

(7) 表現の動き、とりわけ内なるそして外なる声を形づくり、生み出す呼吸の動きは個人的なものだ。呼吸の動きは指紋と同じように個人的だ。レフ・ヴィゴツキーは言った。「我らは我らに住まう声たちである」(Morson, 1986, p.8)。ここに「我らは我らに住まう声たちを形づくり、生み出す動きである」という意味合いを持たせることもできるかもしれない。

(8) ヘラクレイトスは言った。「万物は変化の中にある。しかし、変化は不変の法(logos)によって生じる。この法は対立するもののあいだの相互作用からなるが、しかし、そうした異なる力のあいだの相互作用が全体としては調和をなす」(Skirbekk, 1980, p.29)。あえていくつかのささやかな変更を加えられるかもしれない。「人は動きのなかにある。しかし、動きは……」あるいは「人は動きである。しかし……」というふうに。僕らが立ってバランスをとっているとき、ひざと腰の曲げる筋肉が活動していると同時に、ひざと腰を伸ばす筋肉が活動している。

(9) 声に出して話すとき、人は何事かを他者と自分自身の両方に伝える。話す瞬間、僕が話すもっとも重要な人物は自分自身だと思う。(5)で言及したように、表現は形づくるものであり、それは僕らの理解も形づくる。ルートヴィヒ・ウィトゲンシュタインとゲオルク・ヘンリク・フォン・ウリクトは、僕ら自身が話すことが僕らの理解をたぶらかすと述べている。僕らは僕らの話すことによってたぶらかされないではいられない。僕らが何らかのコミュニ

⑽

ティ、たとえば専門職コミュニティに属するとき、きっとそのコミュニティのことばを話さねばならない。そこにとどまりたいなら、進んで自身をそのことばで満たさねばならない。もし、同時に文脈や時が示されることなく、このことばが「である」「持つ」といった動詞を用いるなら、先に述べたように人は容易に人間を静的なものと理解するようになるだろう。多種多様なことば、たとえば競争のことば、戦略的マネジメントのことば、病理学のことばなどは、各々の帰結を有する。それは記述する者、記述される者のどちらに対してもだ。

一九八五年、ハリー・グーリシャンが「問題創出システム」という概念を提示した。問題状況はすぐに多くの人々の注意を引きつける、と彼は言った。引きつけられた人々はたいてい「これをどのように理解できるだろうか」「私はどうすべきだろうか」といったことに関する意味をつくり出す。これが他者によって意味が創出される問題の例だ。意味のシステムは創出される。もし、二人もしくはそれ以上の人々が同じ意味を保有しているなら、彼らのあいだのあらゆる会話は容易にその意味を反復し、強化するだろう。そこに新たなものが生じることはほとんどない。もし、二人もしくはそれ以上の人々がいくらか異なる意味を保有していて、互いに聞きあうことができるなら、彼らのあいだの会話は容易に新しく有用な意味を創出するだろう。もし、二人もしくはそれ以上の人々がとても異なる意味を保有していたら、彼らは互いに聞きあうことが難しいと思うだろうし、互いに遮ったり、相手のことを正そうとしたりさえするかもしれない。そのようなことが頻繁に起きるとき、会話は壊れてしまうだろうし、そうなったときこそ本当に大きな問題が生まれるだろう。

結びの言葉はほとんどない

興味深いことだが、居心地の悪さを感じ、それを承認することがあらゆる実践の変化の主要な貢献者であったことに、本稿を書くなかであらためて気づいた。また、話したり書いたりすることのおもな困難が、好ましい明確な表現を見出すことであることをあらためて痛感した。近年では、ジョン・ショッター〔訳註5〕が、ウィトゲンシュタイン、ヴィゴツキー、メルロ＝ポンティ、そしてバフチンに言及する際に提示してくれる明確な表現のための示唆が役に立つ。読者が彼のウェノサイトに注目できるようここに紹介して本稿を終えよう。

訳註5――ジョン・ショッターは、アンデルセンと深い交流のあったイギリスの心理学者。科学的心理学を含む近代科学に見られる要素還元主義的機械論に依拠した世界観に対する批判的立場から、独自の哲学的思索を展開した。両者をよく知るガーゲンは、二〇一六年一二月に亡くなったショッターの追悼文の中でこう述べている。「トムとともにあることで、ジョンの学問的著述は、実践の世界にもっとも強力に結びつけられた。トムは彼が知っていたセラピーの世界にジョンを導き、ジョンは豊かで明瞭な表現をそこにつけ加えた」(Gergen, M. & Gergen, K. (2017). Living moments with John Shotter. *International Journal of Collaborative-Dialogic Practices*, 7-1, p.21.)。なお、原文ではショッターのウェブサイトのアドレスが記載されているが、現在はリンク切れとなっているため割愛する。

文　献

Andersen, T. (1995). Acts of forming and informing. In Friedman, S. (ed.). *The Reflecting Team in Action*. New York, The Guildford Press.

Andersen, T. (2001). Uttryckens betydelse i behandling och forskning. In: E. Kjellberg (ed.). *Man kan inte så noga veta*. Stockholm, Mareld forlag.

Andersen, H. (ed.). (1995). *Från påverkan till medverkan*. Stockholm, Mareld forlag.

Bakhtin, M. (1990). *Art and Answerability: Early philosophical essays*. Austin, TX, University of Texas Press. (伊東一郎・佐々木寛＝訳 (1999)『ミハイル・バフチン全著作〈第一巻〉〈行為の哲学によせて〉〈美的活動における作者と主人公〉他』水声社所収)

Bakhtin, M. (1993). *Toward a Philosophy of the Act*. Austin: University of Texas Press. (伊東一郎・佐々木寛＝訳 (1999)『ミハイル・バフチン全著作〈第一巻〉〈行為の哲学によせて〉〈美的活動における作者と主人公〉他』水声社所収)

Gergen, K. J. (1994). *Toward Transformation in Social Knowledge*. 2nd edition. London, Sage. (杉万俊夫・矢守克也・渥美公秀＝監訳 (1998)『もう一つの社会心理学——社会行動学の転換に向けて』ナカニシヤ出版)

Grayling, A. C. (1988). *Wittgenstein*. New York, Oxford University Press.

Ianssen, B. (ed.).(1997). *Bevegelse, liv og forandring*. Oslo, Cappelen Akademiske forlag.

Kolstad, A. (ed.). (1995). *I sporet av det uendelige. En debattbok om Emmanuel Levinas*. Oslo, H. Aschehougs forlag.

Lysack, M. (2004). *Reflecting processes as practitioner education in Andersen and White through the lenses of Bakhtin and Vygotsky*. Unpublished doctoral thesis at McGill University, Montreal.

Morson, A. C. (1986). *Bakhtin. Essays and Dialogues on His Work*. Chicago and London, The University of Chicago Press.

Norsk UTG (1997) *Filosofiske undersøkelser*. Oslo, Pax forlag.

Øvreberg, G. (ed.). (1986). *Aadel Bülow-Hansen's fysioterapi*. Tromsø, Oslo, I kommisjon med Norli forlag.

Shotter, J. (1993). *Conversational Realities*. London &

New York, Sage.
Shotter, J. (1996). Some useful quotations from Wittgenstein, Vygotsky, Bakhtin and Volosinov Presented at the Sulitjelma conference in North Norway, June 13th to 15th 1996.
Shotter, J. (2004). On the edge of social constructionism: 'Withness'-thinking versus 'Aboutness'-thinking. Kan kjøpes ved å kontakte [info@kccfoundation.com]
Shotter, J. (2005). Wittgenstein in practice: His philosophy of Beginnings, and Beginnings, and Beginnings. Kan kjøpes ved å kontakte [info@kccfoundation.com]
Skirbekk, G. (1980). *Filosofhistorie I*. Oslo, Universitets-forlaget.
von Wright, G. H. (1990). Wittgenstein and the Twentieth Century. In L. Haaparanta et al. (eds.). *Language, Knowledge and Intenticnality*. Helsingfors, Acta Philosophica Fennica 49.
von Wright, G. H. (1994). *Myten om fremskrittet*. Oslo, Cappelen's forlag.
Vygotsky, L. (1988). *Thought and Language*. Cambridge, MA, MIT Press.（柴田義松＝訳（2001）『〈新訳版〉思考と言語』新読書社）
Wittgenstein, L. (1953). *Philosophical Investigations*. Oxford, Blackwell.（藤本隆志＝訳（1976）『哲学探究』大修館書店）
Wittgenstein, L. (1980). *Culture and Value*. Oxford, Blackwell.（丘沢静也＝訳（1999）『反哲学的断章——文化と価値』青土社）

第五章

トム・アンデルセンの間と場

二〇二二年のリフレクト

ゲオルグの研究室に飾られた若き日のトムの写真

――考えているのは、たとえば、
三か月ごとにサクセス・ストーリーを持ち寄る新しい集まりをつくること。
つまり、彼らが何をやって、どんなふうに難しい状況を抜け出して、
当たり前の暮らしに戻ったのか聞く場所さ。

*

抑圧に抗する闘い（fight against）、そんな大きな言葉を使うことができるでしょうか。
僕は、抑圧に立ち向かう（working against）、と言う方が良いように思う。

（Anderson & Jensen, 2007: 172）

アンデルセンがわれわれに遺したリフレクティングとは何か。その問いを問う際に、各々が期待するその答えのあり様こそ問われる必要があるのかもしれない。その答えがアンデルセンの記述の一部から掬い取られたものであったとしても、それをある種のクリシェとして、また、専門家的な物言いの箔づけとして取り上げた瞬間、それ自身を離れていくような構えとして、リフレクティングはあり続ける。

リフレクティング・チームという形式を離れ、リフレクティング・プロセスというあり方を体現し続けたアンデルセンの歩みを振りかえるとき、その歩みのなかで彼が表現したリフレクティング・プロセスのすべての萌芽は、すでに一九八五年三月の最初のリフレクティング・チームの試みにはらまれていたとも言えるだろうが、それは同時に、それをひとつの技法として固定した瞬間にその生命を失ってしまうようなものでもある。いつだって、繰り返し以外にも可能性があることを忘れてはならない。

停滞し、澱んだ既存の場の文脈に、適度な差異という新鮮な風を通す瞬間の身振り。そうした身振りが可能となる「間」を守り、いきいきと生き得る「場」を創出し続けること。そんなことはいかにして可能だろうか。各々がその時々に身を置いているその文脈の感受。居心地の悪さから目を逸らさず、何事かをやめる勇気。他者や他者との関係をコントロールしようとする欲望を手放し、外なる、また、内なる他者とともにあり続けること。大切なことはさまざまに思い浮かぶ。

よもや蛇足であろうことは承知しつつ、本書の最後に、アンデルセンのいくつかの足跡をこの二〇二二年の地点から覗き込み、あらためてそのラディカルさに目を凝らすことで、筆者なりのリフレクトを試みたい。そのために、以下では、リフレクティング・トークの「間」と、リフレクティング・トークがそこにおいてある文脈としてのリフレクティング・プロセスの「場」という二つの視点を交錯させよう。二つの異なる深度のあいだにリフレクティングを立体視するためのパララックスがひらかれるなら、読者とともに、そこで新鮮な想像力を遊ばせることもできるかもしれない。

リフレクティングの間

リフレクティング・チーム形式の会話をその一種として含みつつ、その状況に応じて無数のバリエーションがあり得るリフレクティング・トーク。その働きの枢要は、端的にいえば、適度な「間」を創出し、保持することにある。会話においてリフレクト、すなわち「うつし（映し、移し、写し）」が生じるには、「うつすもの」と「うつされるもの」とが一つのものでなく別個のものとしてなければばならないし、両者のあいだに適度な「間」が保たれていなければならない。アンデルセンのいうリフレクティング・ポジションとは、そのような位置取りを指す。では、はたしてそれはどのような間だろうか。

前章に訳出したものとほぼ同時期の（すなわち最晩年の）文章のなかで、アンデルセンは会話において三種の間（原文ではpause）を意識すべきであると指摘している（Andersen, 2007: 92）。⑴相手が息を吐いた後、次に息を吸い始める前に生じる間（この時、セラピストが相手に答えを見つけるのを急がせていないなら、相手の次の呼吸は無理なく自然に始まる）、⑵何かを話した後、たった今自分が話したことについて考えるために生じる間、⑶今話したことについてリフレクティング・トークであらためて話され、それによりあらためて新鮮に考えるために生じる間。これら三種の間への着目は、一見なにげないことのように思われるかもしれないが、⑴身体的水準、⑵心的水準、⑶社会的水準を貫くアンデルセンの会話への配慮の奥深さをよく表している。それは、現代風にバイオ・サイコ・ソーシャルと呼ぶこともできようし、東洋的に身口意《しんくい》と呼ぶこともできるだろう。

自然な気息がなされ、自らの発した声をききとり、他者にうつし込まれた自身のことばをながめる。そうした間が会話の参加者たちのあいだで保たれているとき、会話は生き生きとしたものになるだろう。だから、アンデルセンはずいぶんゆっくり話した。それは間延びした会話ということでなく、充実し、決然とした間である。そして、「彼らが話した後に訪れる間を守るのが、僕の仕事なんだ」（Malinen et al., 2012=2015: 84）と明言した。それらは神聖な間であり、それらを守ることは人々の尊厳を守ることを意味している。

「pause」という原語から見てとれるように、アンデルセンがここで言及している間は、主に時間の次元に焦点を置いたものといえる。しかし、実際のリフレクティング・トーク体験を振りかえるなら、そうした時間の次元の間に加え、リフレクティング・トークにおいて創出される間として、空間の次元、および、社会の次元に生じる間の存在にも気がつくだろう。社会の次元は、「人間（じんかん）の次元」と言い換えてもよい《註38》。前章で訳出した文章に見られる通り、アンデルセンにとっては、魂（soul）もまた、自己と他者とのあいだ、すなわち人間に位置づくものであった。

時間の次元とは、「いつ（when）」であり、その間は、以前／以降のあいだに生じる。空間の次元とは、「どこ（where）」であり、その間は、内／外のあいだに生じる。人間の次元とは、「だれ（who）」であり、その間は、自／他のあいだに生じる。われわれが生きてゆくのは、いま（以前／以降のあいだ）ここ（内／外のあいだ）であり、私（自分）とは、自／他のあいだに生じ続ける何者かにほかならない。

空間の次元における間については、リフレクティング・チーム形式の会話が当初、足場として用いたワンウェイ・ミラーに隔てられた二つの部屋がただちに想起されるかもしれない。無論、リフレクティング・トークが必ずしもワンウェイ・ミラーを必要としないことは、すでに見てきた通りである。しかし、ワンウェイ・ミラーを用いず、同じ部屋の中でなされるリフレクティング・トークにおいても、リフレクトする人たちは互いに身体や顔を向け合って話し、決して、他方の側（最初に話した側、たとえば家族たち）に向かっては話さない。口頭で話しかけないだけでなく、視線で相手を縛ることも注意深く避ける。それは、他方の「聞かなくてもよい自由」を確保するためにほかならない。

かくして、リフレクトする人たちの互いの姿勢の向きによって、そこにはある種の空間が構成されることになる。ただし、会話参与者が個々人の操作領域の重なりとして空間的に構成・維持する内部空間やその陣形《註39》に着目する多人数インタラクション研究の視点とは異なり、リフレクティング・トークにおいて注目すべきは、リフレクトする人々が構成・維持する内部空間と、それをながめる他方のグループの人々とのあいだに構成されるユニークな空間、いわば、両者の折り返しのあいだに生じる間である。

人間（社会）の次元における間は、リフレクティング・トークの最小構成である三者以上の関係において実現される直接的には接続されない独立した二つ以上のコミュニケーション・システムの相互観察という仕組みによって生じる。アンデルセンたちが〈観察する専門家／観察される非専門家〉という固定化された権力関係の階層構造を転換し、新たなベクトルでの観察の可能性を切り拓いたことは言うまでもないが、ここで注意すべきは、それがたんなる従来の階層構造の逆転（＝逆の垂直化）、あるいは、階層構造の否定（＝単純な水平化）を意味していないということだ。それでは適切な間は保たれない。

《註38》もともと「人間」という言葉がその文字の表す通り「よのなか」「世間」を意味したこと、それが転化して「人」の意となったことについて、和辻（2007）を参照。

《註39》非言語コミュニケーション分析で知られるケンドンは、二人以上が集まって会話する際、個々の操作領域（transactional segment）が重なって構成されるO型の空間をO空間、その会話に参与している人々が身体を配置することによって作られるO空間外縁の狭い空間をP空間、さらにその外側のバッファ的空間（当該会話システムを外部の影響から守るとともに、新たな会話の参加者の待機場所ともなる）をR空間、そして、これら三種の機能的空間からなる空間陣形をF陣形と呼んでいる。詳しくは、Kendon（1990）を参照。

リフレクティング・トークにおいては、異なる会話体《註40》、すなわち異質な階層が相互に観察し、観察される（さらに観察を観察する）という立場を旋回するなかで、階層間の相互作用が展開する。あるいは、「観察」よりも「うつし込む」という表現が適切かもしれない。いずれにせよ、アンデルセンのいう「ヘテラルキー的関係」（第三章第二節第二項を参照）の実質はそこに存するだろう。このとき、双方の階層にも、階層間の相互作用にも、あらかじめ決定することが不能であるような変化が生じることになる。こうしたヘテラルキー的関係においてこそ、いわゆるポリフォニーと呼ばれる状況は生まれる。そこで直面する不確かさを包容しつつ会話を続ける構え（それをネガティヴ・ケイパビリティと呼ぶこともできる）が参加者に求められるのは、こうした人間の次元の間の保持のためでもあるだろう。

リフレクティングの場

あらゆる会話は、具体的な「場」に於いてある。理想的コミュニケーション状況といったものが現実に降ってくることはない。実際の会話の場は、各種の抑圧や葛藤とともにあり、そうした場の文脈を離れた普遍的な会話技法やプログラムが概して虚しい所以はそこにある。アンデルセンが「意味創出をめぐる五行一文」（第三章第二節第四項を参照）において、「われわれの内なる会話は外なる会話に調和し、われわれの外なる会話はわれわれが属するコミュニティにおける会話の一部をなす」と述べ、内なる会話と外なる会話がともにわれわれのコミュニティに於いてあることを指摘していたことを想起しよう。彼が「コミュニティにおける会話は、ある種のことばを中心化し、他のことばを周縁化する力を有する」と指摘していたように、特定のコミュニティに根差した会話（そもそも、それ以外に会話はあり得ないのだが）は、ある種のことばを中心化することでわれわれを拘束するものでもある。

精神医療領域や司法領域などで用いられる専門用語は、わかりやすいその一例だろう。大学人でありつつ病院の精神科医でもあったアンデルセンは、晩年のインタビュー（Ianssen, 2012）の中で、人々を静的に記述する旧来の精神医学のことばへの懐疑を述べ、「伝統的診断は、僕の活動の一部ではあり得ません。それなしでも十分やってこられました」と明言している。「診断しない精神科医」というラディカルなあり方に対しては、当然、主流の精神医療から大きな反発もあっただろう（実際、医学部内で彼の授業を学生に受講させないよう働きかける動きもあったと聞く）。既存のコミュニティで新鮮な会話を紡いでいくことは、本章のエピグラフに掲げた彼の発言の通り「抑圧に立ち向かう」ことでもあるということだ。

「より大きな文脈」を探求し続けたアンデルセンの、セラピーの枠組を大きく超えた活動のいくつかは、本書においてすでに見てきた通りである。そこには、一九八五年のリフレクティング・チーム誕生以前（一九七〇年代）から取り組まれた彼のトロムソの地域精神医療での先進的な試みや、一九九一年から取り組まれたカルマル刑務所内の入所者と刑務官とのあいだに会話の機会をもたらす刑務所実践、また、同じ頃に開始された（アンデルセンが参加型アクションリサーチと称した）臨床家が自分たちの

《註40》ここでいう会話体は、会話の言葉遣いを書き写した文体のことではなく、何らかの外なる会話、あるいは、内なる会話の一連の会話システムを意味する。

実践についてクライアントに学ぶポスト・セラピー・インタビュー、そして、国境を超え、南北世界の大きな格差に立ち向かうために取り組まれた相互支援的な国際的ネットワークの構築など、実に多様な実践を含むことができる。それらはいずれも、新鮮な会話を通して、既存の会話の場の更新に取り組む実践であった。

自身の実践をセラピーや治療というよりも、「平和活動（peace work）」と呼ぶのが相応しいと考え、既存のセラピーがはらむ政治性にきわめて敏感であった彼は、つねに自らの拠って立つ制度やコミュニティのあり方を問い直し、その変容に取り組んでいた（無論、そこで模索されたのは、決して大き過ぎる変化ではなく、あくまで「適度な」変化であったろう。それは「闘い」ではないのだから）。こうした「より大きな文脈」の変容へと向かうリフレクティングの身振りこそ、広義のリフレクティング・プロセスと呼ぶことができると筆者は考えている。

すなわち、リフレクティング・プロセスとは、対面的相互作用に焦点を置くリフレクティング・トークをその一部に含みつつ、対面的相互作用に限定されない（対面的相互作用の文脈を構成する多層的水準での）広汎な相互作用において生じる外なる会話と内なる会話との折り返し、折り重ねのプロセスという大きな流れである。それは、ひとつひとつの会話が創出していく場であると同時に、次なる会話がそこに於いて実現される場という生きたプロセスの渦である。

このように、リフレクティング・トークとリフレクティング・プロセスを、リフレクティングの二つの相と捉え、前者を共在する会話空間における豊かな「間」の創出、後者を既存の文脈に変化をもたらす新鮮な「場」の創出とすることで、ひとまず図のような描写が可能となる。内なる会話と外な

図——リフレクティング・トーク（「間」の創出）と
リフレクティング・プロセス（「場」の創出）

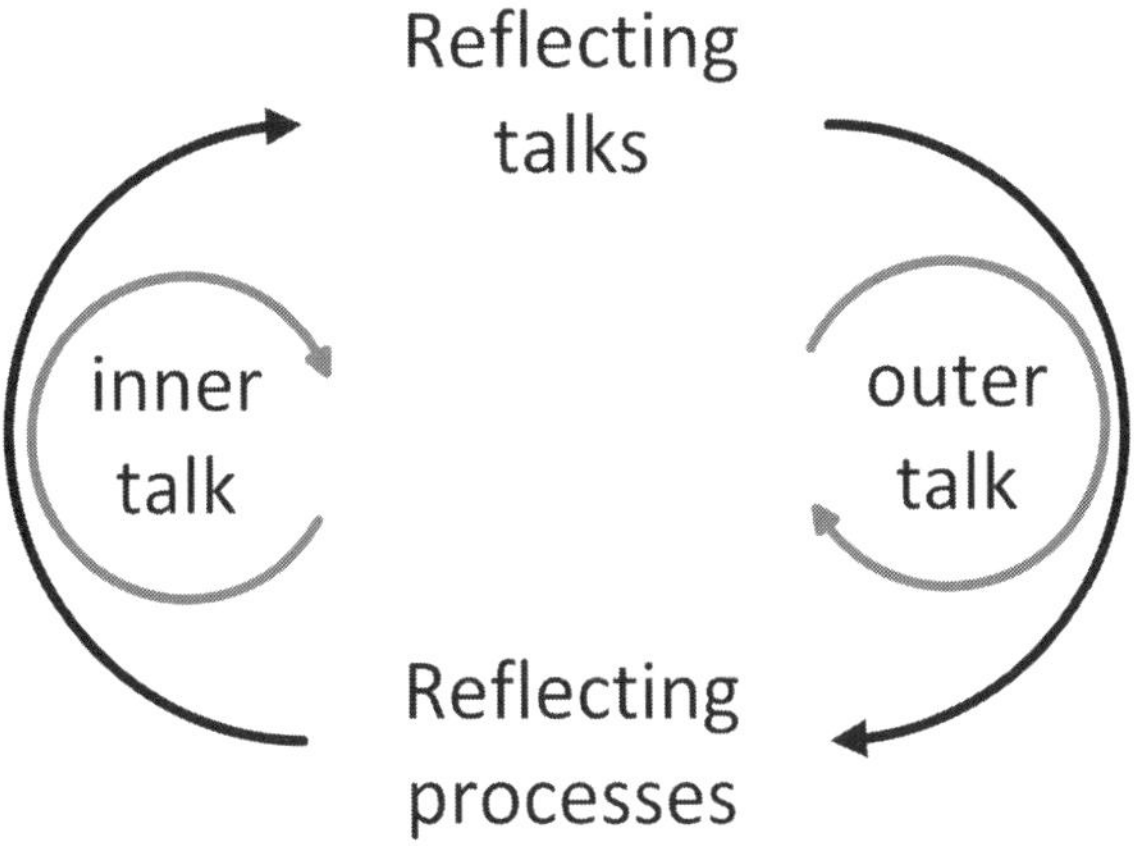

る会話は、このプロセスの渦において生じ、ときにその渦を駆動するそれぞれに自律的な別種の渦である。

では、既存の文脈に変化をもたらす新鮮な場とは、いかなるものだろうか。どのような会話も、それが於いてある具体的な場の地層に刻まれた固有の歴史という大地を離れて、あるいは、既存の社会関係に柵《しがら》む引力を脱して、無重力の空間で行われることはない。内なる会話も外なる会話も、ざらざらとした大地の上、固有の引力圏のもとで展開していく。自由に歩み出そうとする者にとって、ときにそれは抵抗や重圧として感受されるかもしれないけれど、同時に、大地に立ち、歩き、新たに安心できる棲処をつくることができるのも、そうした抵抗や引力のもとであることをわれわれは知っている。

それぞれに固有の文脈を有するそうした場でリフレクティングという会話に臨むとき、人々はその内なる会話にじっくりと耳を傾けるための間を保ち、互いにそれを守りながら、共在する人々とともに外なる会話を紡ぎ出すための工夫を重ねていくことになる。そして、そのようにして紡ぎ出される外なる会話が、人々を取り巻くコミュニティへと多層的に編み込まれていく。そこには、認識、思索、設計、解放、堆積、浸食、発達、変態、創造などといった既存の現実に変容をもたらすさまざまなプロセスの様態が含まれるだろう。そのように更新され、構成されてゆく場において、その場の声をうつし込んだ内なる会話と、さらに、それをうつし込んだ外なる会話が紡ぎ出されていく。

無論、内なる会話にも、外なる会話にも、力強く響く声、輪郭のはっきりとした声ばかりでなく、微かな声、居場所を見つけることのできない声、沈黙する声が含まれている。そこに会話の奥行きが生まれるだろう。話したい人が話したいことを話し、話したくない人、話したくないことは話さないでいられること。それがリフレクティングの大前提であった。そして、そのことは沈黙する声を聞くことと並立する。それゆえ、会話は必ずしも筋道立っては進まないし、行きつ戻りつ、ときには飛躍も生じることになるだろう。いや、内なる会話と外なる会話の自律性を踏まえるなら、飛躍こそリフレクティングの大きな可能性の一つである。

アンデルセンがビューロー・ハンセンによって促されたのは、「あれかこれか（either-or）」から「あれもこれも（both-and）」、さらに「あれでもなくこれでもなく（neither-nor）」という根本的論理の転換であった。それは西欧近代の論理（logos）を通した（dia）やり取り（dia-logos／対話）を超える動きであり、別種のことばの可能性（第三章第二節第五項）、すなわち、肯定、否定、両否、両是のテトラ・レンマに見られるような東洋的レンマ（lemma）へと踏み出す身振りといえる。場を創出するリフレクティング・プロセスとは、そうした既存の論理を超えた内なる会話と外なる会話とのうねりのあいだに生じる渦である。

風土としてのリフレクティング

場が間をはぐくみ、間が場を涵養するようなトム・アンデルセンのリフレクティングを思うとき、近年、筆者のうちに思い浮かぶのは「風土」という言葉である。季節に応じ、その土地に新鮮な風が通ることで、大地は自らの内に新たな生命力を宿す。風通しの良い会話がコミュニティを再生していくプロセスも、そのようなものである。そして、そもそも風土（milieu）とは、間（mi）の場（lieu）の謂である。

豊かな間を創出するリフレクティング・トークと、そうした間によって涵養され、更新されていく場の折り重ねとしてのリフレクティング・プロセス。北極圏の町で生まれ、北欧各地の現場に浸透し、ときには表面的形式のみが誤解とともに世界中に流布するリフレクティングを、本書の読者は各々の風土において、いかに生きたものにしていくだろうか。

筆者がいま思い描くのは、本書の読者とともに晩年のアンデルセンが語っていたこんな場を開くことだ。そこにはもちろん、トムの声を招くこともできるだろう。

> 考えているのは、たとえば、三か月ごとにサクセス・ストーリーを持ち寄る新しい集まりをつくること。つまり、彼らが何をやって、どんなふうに難しい状況を抜け出して、当たり前の暮らしに戻ったのか聞く場所さ。たぶん、毎回、僕らのうち誰かが自分の関わるプライベート・ネットワーク、プロフェッショナル・ネットワークを連れてきて、他の皆は、そこでうまくいったことを聞くんだ。そこには、専門家、政治家、報道関係者、それに、暗闇のまっただなかにいる家族たちも、多くの人が聞きに来ることができる。できるだけたくさんの人たちに加わってもらうんだ。
>
> （Anderson & Jensen, 2007: 174）

文献

Andersen, T. (2007). Human participating: Human "being" is the step for human "becoming" in the next step. In H. Anderson & D. Gehart (eds.). *Collaborative Therapy: Relationships and conversations that make a difference.* Routledge, pp. 81-93.

Anderson, H. & Jensen, P. (eds.). (2007). *Innovations in the Reflecting Process: the Inspirations of Tom Andersen.* Karnac.

Ianssen, B. (2012). *Tom Andersen. Et intervju, en samtale, et foredrag.* Berit Ianssen.

Kendon, A. (1990). *Studies in Interactional Sociolinguistics, 7. Conducting interaction: Patterns of behavior in focused encounters.* Cambridge University Press.

Malinen, T., Cooper, S. J., Thomas, F. N. (eds.). (2012). *Masters of Narrative and Collaborative Therapies: The voices of Andersen, Anderson, and White.* Routledge.（小森康永，奥野光，矢原隆行＝訳（2015）『会話・協働・ナラティヴ——アンデルセン・アンダーソン・ホワイトのワークショップ』金剛出版）

和辻哲郎（2007）『人間の学としての倫理学』岩波書店

おわりに

Tom Andersen:
The trajectory of conversational philosophy

＊

トムの足跡を辿る旅の途上、これまでに多くの出会いを体験した。ひとつひとつの出会いは、人々がそれぞれのやり方で触れたトムのありようを通して、彼らとともにあらためてトムに出会うことのように感じられたし、それはいつも新鮮な驚きに満ちたものだった。思い浮かぶすべての人たちの名をここに挙げることはできないし、別の日にはまた別の人たちの声や姿が思い浮かんでくるだろうけれど、本書の原稿を抱えながら、トムを介して北欧各地で出会った人々のことを、少し振りかえってみたい。

カルマルのユーディット（Judit Wagner）にコンタクトを取ろうと試みたのは、もう何年も前のことだ。彼女が一九九〇年代の初めから、トムとともに刑務所内でのリフレクティングという驚くべき実践に取り組んでいたことは、いくつかの論文を通して知っていたけれど、その実際に触れたかった。インターネット上の手がかりを頼りに幾度か送ったメールには、反応がないまま月日が流れた。

その間にも、はっきりとした目当てはないままに北欧を訪ね、各地でトムの足跡を辿ることを試みていた。病院（精神医療に限らず）や福祉サービス、教育現場、組織開発を担うシンクタンクなど、北欧では、直接・間接に幅広い分野でリフレクティングが活用されている。日本同様、トムのことを知らずにリフレクティングが技法として使われていることも結構あるけれど、幸いトムに直接学んだ多くの人たちと話す機会を得ることができた。

二〇一四年八月、ロスキレで開催された国際的な会合（International Meeting for the Treatment of

Psychosis）の場でヤーコ（Jaakko Seikkula）や彼の元同僚たちと出会い、その足でケロプダス病院を訪ねることができたのは幸運だった。彼らは、日本という異国からの初めての訪問者に対して、躊躇することなく「家族たちがＯＫしてくれるなら、トリートメント・ミーティングに参加できるけれど、どうしますか」と尋ね、開催場所や参加人数の異なる複数のミーティングに同席させてくれた。そんな他者への開かれ方そのものが、ミーティングの場でなされる自然なリフレクティング・トークとともにとても新鮮だった。ミーティングの後、当時、病院の主任心理士だったタピオ（Tapio Salo）が、「トム・アンデルセンは僕のメンターなんだ」とうれしそうに話してくれたことが思い出される。

日本では、その後、急速にオープンダイアローグへの注目が集まり、リフレクティングもその文脈であらためて関心を向けられるようになった。新たな流れの勢いを感じつつ、ときにその流れの周辺で自分なりの応答を試みるなか、国内でも多くの出会いを体験し、同時に、流れのうちに定位する自身のあり方についておのずと自問することになった。本書にも、そうした問いの反響が垣間見えることだろう。

不意にユーディットからの返事を受け取ったのは二〇一六年三月。すでに従心を迎えた彼女は、何年も前に刑務所での仕事をリタイアし、ここ数年は病後の療養生活を送っていたという。「長い時間は難しいかもしれない」という約束でカルマルの自宅にインタビューに訪れたのが二〇一六年八月。前日の落雷で、コペンハーゲンからスウェーデンに渡る鉄道は全面運休し、数時間並んだ代替バスで見知らぬ町に降ろされ、乗車時に預けた荷物を見失い、旅のスタートは散々だったけれど、ようやく着いたカルマルの町は穏やかで美しかった。招き入れられた陽あたりの良い部屋には、彼女が描いた優しい色づかいの絵がいくつか飾られ、いくつかは描きかけだった。話し始めると、すぐに当時の様子に戻った彼女の口からは、刑務所の内と外での挑戦、トムの継続的なサポート、それに彼女自身の驚かされる半生まで、二日間にわたって熱く語ってくれた。

二〇〇七年、トムが急逝し、ユーディットも引退してしまうと、残念なことに、スウェーデンの刑務所でリフレクティングは広がることなく潰えてしまったけれど、二人の実践に学んだ仲間がデンマークとノルウェーの刑務所で今も着実にリフレクティングを引き継いでいる。ユーディットは、コペンハーゲンのハネ（Hanne Grosen）とトロンハイムのグナー（Gunnar Brevik）を紹介してくれた。二人は、それぞれの国の刑務所における勇敢なリフレクティングの開拓者だ。

早速訪ねたコペンハーゲンとトロンハイムのそれぞれの刑務所では、入所者を交えたいくつものリフレクティング・トークに参加することができたし、入所者たちと隣り合って座り、コーヒーや紅茶を飲みながら、また、一緒におやつをつまみながら、彼らにとってのリフレクティング・トークの経験をゆっくり聞くこともできた。トロンハイム郊外の開放刑務所では、入所者の家族たちを交えたリフレクティング・トークにNGOの家族療法家も協働しているとのことで、多くの関係者（もちろん本人も含めて）の集まる賑やかなネットワーク・ミーティングの雰囲気に触れる機会になった。

心理学的・精神医学的アプローチを要するとされる長期入所者がデンマーク全土から集まるコペンハーゲンの刑務所では、不意に「今日は彼と話したい」とこちらを向いて切り出した入所者ハンシアンの提案に、ハネは「どうする？」と当たり前のように尋ね、その提案は通訳をはさんでその場で実現された。夢中で取り組んだリフレクティング・トークが終わった後、その柔軟な対応に驚いたことをハネに伝えると、彼女は、「私たちも驚いたし、まるで映画を見ているみたいだった」と微笑んだ。そんなふうに、生きた会話が生まれ続ける場には、日本語でいう「責任」とはずいぶんニュアンスの異なる「応答可能性」としての responsibility の存在がいつも感じられる。

二〇一七年八月、この年はトロムソの地でトムたちが大切に育んだ国際的な集いが開かれ、プレセミナーでは、旅立って一〇年になるトムのメモリアルな企画も検討されているとのことだった。病院内のこぢんまりとした会場に着くと、トムがよく描いていた「会話する二人」のイラストをプリントしたTシャツを着たスタッフが笑顔で迎えてくれる。参加者にも手渡してくれたけれど、ノルウェーの男性用サイズは大きすぎて、結局、それでも大きめに感じる女性用の一着を受けとった。

この病院の精神医療部門の責任者として長く勤め、近年、薬物治療を行わないメディケーションフリー・トリートメント病棟を開設するなど、今も挑戦を続けているマグヌス（Magnus Hald）は、このTシャツにジャケット姿で、ホスト役として忙しいなか、個人的にインタビューの時間を取ってくれた。トムが精神医療領域の実践に取り組むうえで、リーダーとしての彼の存在がとても大きかったことは、トム自身が各所で言及している通りだ。

翌日、トロムソ大学の図書館で資料を探すついでにアポなしで訪ねた医学部の研究棟には、もうトムの痕跡は見当たらなそうだった。仕方ないことと思いつつ、たまたまドアが開け放たれていたひとつの研究室の男性に声をかけると、「隣がもともとトムの使っていた研究室だよ」と、今は主の代わった隣の研究室を勝手に開けて、中を見せてくれた。「入口のメッセージボードに隠れている風景写真は、トムが撮ったんだ」とつぶやく男性の部屋のネームプレートを見ると、トムの盟友ゲオルグ

（Georg Høyer）だった。研究室に招き入れてくれた彼のデスクの正面には、若い頃のトムの小さな写真が貼ってある。リタイアを前にちょうど自分の研究室を片付けつつあった彼に出会えるとは何とも不思議だったけれど、短い会話のあいだに、今も彼のうちで問いのままにあるトムのあり方について率直に話してくれたことは、それ以上に不思議に感じられた。その問いは、いまや僕のうちにも響いている。

その後、トロムソからトロンハイムに移動したのは、ひとつには、夏に刑務所をリタイアしたばかりのグナーに再会して、トロンハイム刑務所のその後の様子を聞き、日本でのささやかな取り組みやアイデアを伝えるためだ。彼は「よくやっているね」と言ってくれた。そして、もうひとつには、すでに亡くなっているアデル・ビューロー・ハンセンとグドラン・オブレベルグの弟子である理学療法家ベリート（Berit Ianssen）に会うためだった。できることなら、実際にその独自の理学療法を体験してみたかったけれど、まずは理学療法家たちとトムとの長く続いた交流について話を聞くことができたし、彼女が製作した晩年のトムへのインタビュー映像にも触れることができた。

日本に戻ってからも、うれしい出会いが続いた。トロムソのセミナーで配布されたトムの詳細な著作リストの作成者であり、トムの友人のペッター（Petter Næsje）から、これまで入手困難だった文献や関連資料を詰め込んだ一テラバイトのハードディスクが郵送されてきたのだ。彼はトムの生前からそれらの資料を管理するよう頼まれていたという。添えられたメッセージには、「トムならそうするだろうから、君に送ります」と書かれていた。

コペンハーゲンのハネからは、あのときリフレクティング・トークで話した入所者のハンシアンがまとめたという刑務所内でのリフレクティング・トークの効果に関する英文のレポートが送られてきた。もともとデンマーク語で書かれていたそのレポートは、二度目にコペンハーゲンの刑務所を訪ねた際、ハネから受け取っていたのだけれど、「僕はデンマーク語は読めないから、英語にしてほしいな」とその場にいたハンシアンにお願いしていたのだった。入所者の視点からリフレクティングについて研究した貴重なレポートだ。

二〇一八年六月、大阪の国立民族博物館に滞在中の映像人類学者ロッツェラ（Rossella Ragazzi）を訪ねた。彼女がカルマル刑務所でのトムの実践に同行し、そこでのリフレクティング・トークの様子をフィルムに収めていたことはユーディットに聞いていた。刑務所内の人々の様子やその家族の姿なども多数映ったその映像は取り扱いが難しく、トムのいない今となっては、公開不可能なものになってしまったという。ロッツェラは、それでも日本に来るにあたって、古いハードディスクから発掘した映像データを持参し、彼女の研究室で一緒にモニターを眺めながら撮影時の様子について丸一日話してくれた。これまで北欧で出会った臨床家・実践家たちとは異なる人類学者の目から見つめたトムの話を聞くことができて、また一層、彼の色合いが深まったように思う。

二〇一九年九月、トロンハイムから鉄道で一時間ほどの街にベリートを訪ねたのは、前回に叶わなかったノルウェー独自の精神領域に特化した理学療法（Norwegian psychomotor physiotherapy）を体感するためだ。施術用の着替えが必要とは知らず、準備していなかったけれど、彼女は「新品だから大丈夫！」と何度も念押しして、夫の海水着を貸してくれた。施術台に横になると、彼女の手と言葉が小さな動きと呼吸のひとつひとつを実に丁寧に確認しながら進んでいく流れに、決して奇跡や魔法ではない、「適度な差異」がもたらす安心を感じることができた。

翌日、刑務所でのリフレクティングに関する研究仲間のクリスティン（Kristin Viggen）に招かれ、ＮＴＮＵ（Norwegian University of Science and Technology）でソーシャルワークを学ぶ学生やトロンハイムの刑務所職員たちに向けて話すことになった。ノルウェーの地で日本の文脈からリフレクティングの話をする機会を得られたことは感慨深い。そして、トロンハイムやヴァルドレスの刑務所を再訪した後に訪れたオスロでは、古くからトムをよく知る家族療法家ハンス・クリスチャン（Hans Christian Michaelsen）やヘルゲ（Helge Eliassen）との出会いがあった。彼らとの会話は、遠い日本の地でトムの思索を追うことに、暗がりで手探りするような気持ちでいる筆者のアイデアを勇気づけてくれた。

二〇二〇年以降、ＣＯＶＩＤ―19の影響で、世界は以前のように行き来することがいくらか難しくなったけれど、同時に、広く活用されるようになったオンライン・コミュニケーションは、別の可能性をもたらしてくれている。二〇二一年一〇月に実施した、マグヌスを招いてのリフレクティング・プロセスとメディケーションフリー・トリートメントに関するオンライン・シンポジウムも、そうした可能性のひとつの実現といえるだろう。それに、出会いの方法はオンラインばかりじゃない。コペンハーゲンのハネは、「ハンシアンの素敵な夢の中にあなたが登場したんだって」とわざわざ知らせてくれた。夢の中では、日本から来たリフレクティングの研究者が、高齢になったハンシアンが移る予定の新しい施設の職員に向けて、彼と一緒にリフレクティングの説明をしたのだという。

さて、本書では触れることができなかったけれど、日本の精神医療・精神保健福祉、矯正・保護の現場の人々と一緒に取り組んでいるリフレクティング・プロセスは、やはり本書と切り離すことができない。それらの実践は、繰り返し本書の言葉に支えられているし、また、本書の言葉を支えてくれてもいる。自分が暮らす場所でのリフレクティング・プロセスなしには、北欧での彼らとの出会いや会話もずいぶん空疎なものになっているだろう。つねに互いが話し、聞くのは、そうしたことなのだから。

あらためて全ての出会いに感謝したい。

以下には、これから思い出すこと、新たに出会うことのための余白を残して。

二〇二二年春

矢原 隆行

索引

［人名］

[事項]

さ

た

な

は

ま

や

ら

わ

著者略歴

トム・アンデルセン（Tom Andersen）一九三六年五月二日、ともに美術教師であった両親の三人きょうだいの末っ子としてノルウェー南部で生まれる。一九六一年オスロ大学医学部を卒業。リレハンメルの病院の外科部門で一年間を過ごした後、ノルウェー北部で一般医として地域医療に従事。一九六五年からアスガルド病院で精神医学の専門教育を受け、一九七三年よりトロムソ大学に勤務。一九八一年より同大学社会精神医学教授。一九八五年三月、家族療法の実践の中でリフレクティング・チームと呼ばれる新たな方法を創出し、世界中の臨床家の注目を集める。その後、リフレクティング・プロセスとして深化したこの実践は、家族療法の枠を超え、現在、医療、福祉、教育、組織開発、矯正・保護など多様な領域に広がっている。主著である *"Reflekterende Processer"*（邦訳『リフレクティング・プロセス』金剛出版、二〇〇一年）は、二十か国語で翻訳・出版されているが、新たな版の刊行ごとに大幅な加筆・修正が重ねられており、邦訳版は、その中間形態である。二〇〇七年五月十五日、自分の手で建てたキャビン近くのスカゲラクの海辺を愛犬と散歩中、岩場から転落して急逝。

矢原隆行（Takayuki Yahara）一九六八年宮崎県生まれ。一九九一年九州大学文学部卒業。二〇〇〇年九州大学大学院文学研究科博士後期課程単位取得退学。現在、熊本大学大学院人文社会科学研究部教授。著書／『リフレクティング―会話についての会話という方法』ナカニシヤ出版、二〇一六年／『オープンダイアローグ――思想と哲学』（共著）東京大学出版会、二〇二二年／『ナラティヴ・アプローチ』（共著）勁草書房、二〇〇九年／『ナラティヴからコミュニケーションへ――リフレクティング・プロセスの実践』（共編著）弘文堂、二〇〇八年、『新版構築主義の社会学』（共著）世界思想社、二〇〇六年ほか。訳書／マリネンほか『会話・協働・ナラティヴ――アンデルセン・アンダーソン・ホワイトのワークショップ』（共訳）金剛出版、二〇一五年／ホルスタインとグブリアム『アクティヴ・インタビュー』（共訳）せりか書房、二〇〇四年。

トム・アンデルセン 会話哲学《かいわてつがく》の軌跡《きせき》
リフレクティング・チームから
リフレクティング・プロセスへ

2022年12月20日 発行
2023年 1 月30日 2 刷

著者・訳者
矢原隆行

著者
トム・アンデルセン

発行者
立石正信

発行所
株式会社 金剛出版
〒112-0005
東京都文京区水道1丁目5番16号升本ビル二階
電話 03-3815-6661 振替 00120-6-34848

装幀 岩瀬 聡

印刷・製本 シナノ印刷株式会社

ISBN 978-4-7724-1944-4 C3011 ©2022

JCOPY 〈(社) 出版者著作権管理機構 委託出版物〉
本書の無断複製は著作権法上での例外を除き禁じられています。複製される場合は，そのつど事前に，出版者著作権管理機構（電話03-5244-5088，FAX 03-5244-5089，e-mail: info@jcopy.or.jp）の許諾を得てください。

リフレクティング・プロセス〔新装版〕

会話における会話と会話

［著］＝トム・アンデルセン
［監訳］＝鈴木浩二

●A5判 ●並製 ●176頁 ●定価 3,520円

日本語版には刊行時点の三つのエピローグを付す。
アンデルセンが生前に残した唯一の主著にして
開けゆく・終わりなき書。

会話・協働・ナラティヴ

アンデルセン・アンダーソン・ホワイトのワークショップ

［編］＝タピオ・マリネン スコット・J・クーパー フランク・N・トーマス
［訳］＝小森康永 奥野 光 矢原隆行

●四六判 ●並製 ●310頁 ●定価3,520円

三人のコラボレイショニスト、一堂に会す。
マスターズの貴重な饗宴を通して
「セラピスト」の新たな倫理が浮上する。

ナラティヴ・コンサルテーション

書くことがひらく臨床空間

［著］＝小森康永 安達映子

●A5判 ●上製 ●200頁 ●3,520円

ナラティヴ・セラピーとナラティヴ・メディスンの邂逅。
「書くこと」を通して事例に共鳴と多声を呼び込む
新たなコンサルテーションを構想する。

価格は10%税込です。